これならわかる

テレワークの
導入実務と
労務管理

弁護士
川久保 皆実

すぐに使える
規程例・
書式例
付き

日本実業出版社

まえがき

🏠 テレワーク導入に必要な知識・ノウハウをこの一冊で

　自社にもテレワークを導入したいけれど、労務管理・ICTツール・セキュリティ対策など、検討しなければならない分野が多岐にわたりすぎていて、何から手を付ければ良いかわからないという方は少なくないと思います。

　テレワーク導入の難しさは、これらの様々な分野についての知識・ノウハウを総動員し、自社に合ったテレワーク体制を築いていかなければならない点にあります。

　本書の著者は、労働法の弁護士としてテレワークの労務管理について長年研究を重ねてきただけでなく、自らも10年以上テレワークを実践し、かつ取締役として参画する中小企業において全社員完全在宅勤務への移行を実現させました。このような経験をふまえ、テレワーク導入にあたって必要な様々な分野の知識・ノウハウを具体的・網羅的に一冊に詰め込んだのが本書です。

🏠 とことん実務で役立つものに

　ビジネス実務書を読んでも、「結局自社でどうすれば良いかわからなかった」で終わってしまった経験はありませんか。

　特に法律関係の実務書は、内容が専門的で難しく、そもそも途中で読むのを諦めてしまう方が大多数ではないでしょうか。

　本書を執筆するにあたり、著者が一番こだわったのが「企業のテレワーク推進担当者にとって、とことん実務で役立つ内容にする」

ということです。

規程例・書式例を豊富に掲載

　本書には実務ですぐに使える規程例・書式例を豊富に掲載しています。厚生労働省が公表している規程例をそのまま載せるのではなく、実際に中小企業で導入する場合に運用しやすいよう細部にまでアレンジを加えています。

【本書に掲載されている主な規程例・書式例】

- ●テレワーク勤務規程
- ●テレワークセキュリティ規程
- ●テレワーク勤務許可申請書
- ●勤務環境チェックシート
- ●サテライトオフィス概要報告書
- ●私物端末使用許可申請書

ワークシートによる網羅的な体制整備

　本書を読み進めるなかで迷子になってしまわないよう、第2章に「テレワーク導入ワークシート」をご用意しました。このワークシートを記入していくことにより、テレワークの実施体制を網羅的に整備できるようにしています。

　これからテレワークを導入する企業や、テレワーク体制を見直したいという企業では、このワークシートをすべて埋めることを目的として本書を読み進めてみてください。ワークシートの各項目を記入するにあたり、わからないことがあれば、第3章以降を参照していただくという書籍の構成をとっています。

【ワークシート記入と本書の構成】

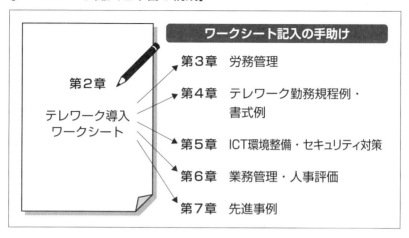

規程例・書式例・ワークシートのWordファイルをご用意

　本書に掲載している規程例・書式例・ワークシートについては、著者の公式サイトにて、本書の読者様限定で、Wordファイルをダウンロードいただけます。

公式サイトURL	https://kawakubo373.com/
パスワード	第2章本文中に掲載しています。

《注意事項》
- URLの入力はすべて半角英数字で行ってください。
- 本書の規程例又は各種書式例を使用したことにより万一損害が発生したとしても、日本実業出版社及び著者は責任を負いかねます。必ずご自身の判断及び責任においてご使用ください。
- 本書の規程例及び各種書式例の全部又は一部について、自社の規程又は書式を作成すること以外の目的で使用することを禁じます。
- ダウンロードサービスは予告なく内容を変更する場合があります。

　本書を活用し、一社でも多くの企業がテレワーク導入に成功されることを心から祈っています。

2020年9月　　　　　　　　　　　　　　　　　川久保　皆実

> ＊本書の内容は2020年9月1日現在の法令等に基づいています。

目 次

第**2**章

テレワークの導入手順

育には２つの目的がある／ガイダンスの対象者には上司・
同僚を含めるべし／ガイダンスの３つのポイント

第**3**章

労務管理のポイント

第4章

テレワーク勤務規程例の逐条解説と各種書式例

第5章

ICT環境整備と情報セキュリティ対策

第6章

テレワークを成功に導くためのポイント

第7章
先進事例に学ぶ制度設計・運用のコツ

主な参考資料

〈主な略語〉

- テレワークガイドライン………厚生労働省「情報通信技術を利用した事業場外勤務の適切な導入及び実施のためのガイドライン」

- 労働時間ガイドライン………厚生労働省「労働時間の適正な把握のために使用者が講ずべき措置に関するガイドライン」

- 労務管理等Q&A集………厚生労働省「テレワーク導入のための労務管理等Q&A集」

- メンタルヘルスガイドライン………厚生労働省・独立行政法人労働者健康安全機構「職場における心の健康づくり〜労働者の心の健康の保持増進のための指針〜」

- モデル就業規則………厚生労働省「テレワークモデル就業規則〜作成の手引き〜*」

- 就業規則作成の手引き………厚生労働省「テレワークモデル就業規則〜作成の手引き〜*」

- セキュリティガイドライン………総務省「テレワークセキュリティガイドライン（第4版）」

- テレワーク導入モデル………総務省「働き方改革のためのテレワーク導入モデル」

*「テレワークモデル就業規則〜作成の手引き〜」は、規程例関連で引用する項では「モデル就業規則」とし、それ以外の項では「就業規則作成の手引き」として使い分けています。

カバーデザイン／三枝未央
本文DTP＆イラスト／一企画

第 1 章

テレワークとは

01 テレワークの種類

テレワークには雇用型と自営型がある

　テレワークとは、「ICT（情報通信技術）を利用し、時間や場所を有効に活用できる柔軟な働き方」のことをいい、契約形態に応じて、事業主と雇用関係にある場合（雇用型）と請負契約等に基づき自営的に働く場合（自営型）の2種類に大別されます。

　本書では、前者の雇用型テレワークに的を絞り、企業が従業員にテレワークをさせる場合に実務上気をつけるべきポイントについて説明します。

雇用型テレワークの3形態

　雇用型テレワークは「労働者が情報通信技術を利用して行う事業場外勤務」と定義されており、業務を行う場所に応じて、在宅勤務・サテライトオフィス勤務・モバイル勤務の3つの形態に分けられます[1]。

【テレワークの3形態】

1　厚生労働省「情報通信技術を利用した事業場外勤務の適切な導入及び実施のためのガイドライン」平成30年2月22日

【各形態の勤務場所と利点】

	勤務場所	利　点
在宅勤務	労働者の自宅または自宅に準じる場所（実家など）	オフィスへの通勤が不要になるので、通勤にかかっていた時間を家事や育児等に有効活用でき、仕事と家庭生活との両立に資する。
サテライトオフィス勤務	労働者の属するメインのオフィス以外に設けられたオフィス	自宅の近くや郊外に設けられたサテライトオフィスで勤務することにより、通勤負担が軽減され、かつ、在宅勤務やモバイル勤務以上に作業環境の整った場所での就労が可能となる。
モバイル勤務	臨機応変に選択した場所（移動中の電車内やカフェなど）	労働者が自由に働く場所を選択できる、外勤における移動時間を利用できる等、働く場所を柔軟に運用することで、業務の効率化を図ることが可能となる。

出典：厚生労働省「情報通信技術を利用した事業場外勤務の適切な導入及び実施のためのガイドライン」（平成30年2月22日）より作成

テレワーク導入で1日の働き方がこう変わる

　在宅勤務を導入すると、オフィスまでの通勤にかけていた時間がすべて自由に使える時間となります。たとえば、通勤に片道1時間かかる従業員が月4回在宅勤務できるようになるだけで、年間96時間もの自由時間が生まれることになります。

　実際に在宅勤務を行った従業員からは、「始業前の時間を使って掃除機をかけたり、洗濯物や布団を干せるようになった」ですとか、「保育所の迎えの時間ギリギリまで働けるので、こなせる仕事量が増えた」といった声がよく聞かれます。

また、客先や作業現場などに出向いて働く職種では、1日の終わりに一旦オフィスに戻って報告書を作成しなければならず、現場からオフィスへ、オフィスから自宅へという移動時間が負担になっているケースが少なくありません。

　そのような職種では、在宅勤務を導入することにより、直帰後に自宅で報告書を作成できるようになり、無駄な移動時間がなくなります。さらに、モバイル勤務を導入すれば、たとえば直帰する電車内で報告書を作成することも可能になり、移動時間自体を有効に活用できるようになるのです。

【テレワークで増える自由時間】

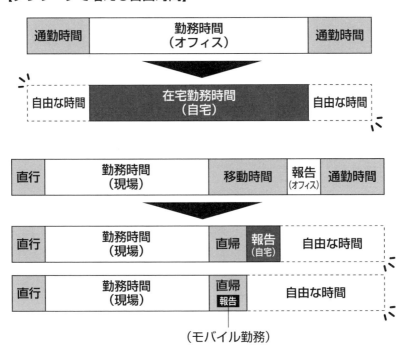

出典：総務省「テレワーク実践活用テキストブック」（令和元年度）を参考に作成

02 テレワークのメリット

🏠 新型コロナウイルスが顕在化させたテレワークのメリット

　東京オリンピックに代わって2020年の忘れられない出来事となった新型コロナウイルス感染症の世界的大流行。未知のウイルスへの恐怖に直面し、私たちの働き方は大きく様変わりしました。

　感染症流行時におけるテレワーク（ここでは特に在宅勤務を指します。）の次のようなメリットが注目され、緊急事態宣言下において国や地方自治体からはテレワークが非常に強く推奨され、政府の打ち出した「新しい生活様式」にもテレワークが盛り込まれました。

【感染症流行時において在宅勤務を実施するメリット】

① 　通勤が不要となることで、特に公共交通機関を利用して通勤する従業員について、第三者からの感染リスクを低減させることができる。

② 　オフィスに集まる人数を減らすことができるため、いわゆる"3密"の状態になりやすいオフィスの感染症対策となる。

③ 　感染が疑われるが体調的に就労可能ではある従業員について、他の従業員を感染リスクに晒さずに就労継続させることができる。

④ 　休園や休校により、子供のケアのために自宅にいることを余儀なくされた従業員について、在宅で就労する選択肢を提供できる。

感染症流行前には、「テレワークという働き方があるのは知っているが、うちには関係ない。」というスタンスの企業が大多数でしたが、感染症の流行が拡大するなかで、中小企業を含め多くの企業が必要に迫られてテレワークを実施しました[2]。

🏠 非常時だけではない！ 経営戦略としてのテレワーク

新型コロナウイルス感染症の流行により、テレワークは非常時に活用できる働き方というイメージが定着しましたが、実はテレワークのメリットはそれだけにとどまりません。

企業にとってテレワークを導入するメリットは、次のように多岐にわたっており、経営改善のために戦略的にテレワークを活用する企業が増えてきています。

【テレワークの経営上のメリット】

生産性の向上	業務効率の向上	作業系の業務を切り出して在宅勤務日に集中して行うことにより、業務効率が上がる。
	移動時間の有効利用	モバイル勤務を可能にすることにより、移動時間も仕事に充てられるようになる。
	業務プロセスの革新	テレワークを行う前提としての業務の見える化やペーパレス化により、業務の内容・分担・手続フローを最適化できる。
人材確保	離職防止	自宅や実家などで在宅勤務できる環境を整えることにより、育児・介護・配偶者の転勤等を理由に従業員が離職するのを防ぐ。

2　厚生労働省がLINEの登録者に対して実施した「新型コロナ対策のための全国調査」によれば、オフィスワーク中心（事務・企画・開発など）の方におけるテレワークの実施率は、第1回調査（2020年3月31日〜4月1日）では全国平均13.99%（東京都は30.71%）だったのに対し、第3回調査（2020年4月12〜13日）では全国平均26.83%（東京都は51.88%）まで上昇しました。

	雇用対象の拡大	完全在宅勤務を可能にすることにより、通勤圏外に住んでいたり、身体障がいなどにより通勤困難な人材も雇用の対象にできるため、雇用する人材の選択肢が広がる。
	企業イメージの向上	「働きやすい会社」「人材を大切にする会社」としての認知度が上がり、新規採用時に求人応募が集まりやすくなる。
コスト削減		・終日在宅勤務では、通勤手当を削減できる。 ・オフィスに出社する人数を減らし、席をフリーアドレス化することにより、オフィススペースを縮小できる。 ・テレワークの前提としてペーパレス化を進めることにより、印刷コストを削減できる。
非常時における事業継続性の確保		・台風や大雪のときに在宅勤務を可能にすることにより、交通機関の乱れに影響を受けず、また通勤中の被災リスクなく働くことができる。 ・地震や津波などの大災害が起き、交通網が寸断されたり社屋が倒壊したりしたとしても、各自がそれぞれの場所でテレワークを行うことにより事業が継続できる可能性が高まる。 ・感染症の流行時には、他人との接触を防ぐことにより感染拡大を抑止できる。

従業員にも業務に集中できる等のメリットがある

　ここまで、企業側のメリットについてお話しましたが、厚生労働省がテレワーク実施企業の従業員に対して行ったアンケート調査の結果によれば、従業員側もテレワーク導入により様々なメリットを実感できているようです。

　具体的なメリットの内容としては、「電話や話し声に邪魔されず、業務に集中できる」が約7割、「タイムマネジメントを意識するよ

うになった」が6割弱、「育児との両立が可能になった」が約5割
という結果が出ています。

【テレワークのメリット（従業員）】

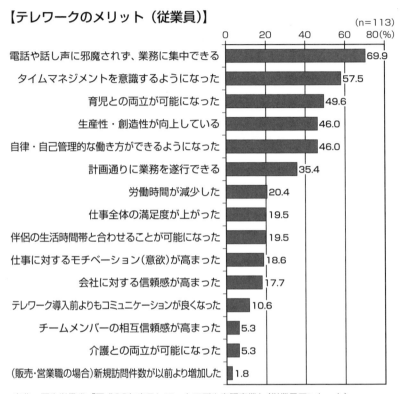

出典：厚生労働省「平成26年度テレワークモデル実証事業」（従業員アンケート）

多くの従業員がワークライフバランスの向上を実感

　また、同アンケート調査においてテレワーク利用によって増減し
た時間を尋ねたところ、「家族と共に過ごす時間」「家事の時間」「育
児の時間」については8割近く、「自己啓発の時間」については約
4割、「睡眠時間」「介護の時間」については3割以上が増加したと
回答しています。

【テレワーク利用によって増減した時間】

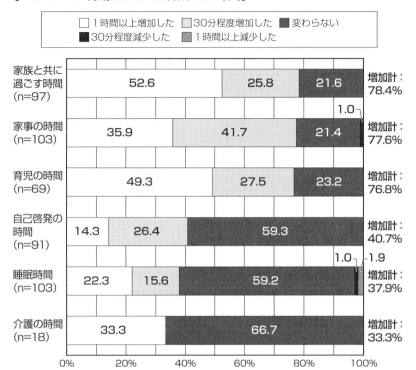

凡例：
- □ 1時間以上増加した
- ▢ 30分程度増加した
- ◼ 変わらない
- ◼ 30分程度減少した
- ◼ 1時間以上減少した

家族と共に
過ごす時間
(n=97)
52.6 / 25.8 / 21.6
増加計：78.4%

家事の時間
(n=103)
35.9 / 41.7 / 21.4 / 1.0
増加計：77.6%

育児の時間
(n=69)
49.3 / 27.5 / 23.2
増加計：76.8%

自己啓発の
時間
(n=91)
14.3 / 26.4 / 59.3
増加計：40.7%

睡眠時間
(n=103)
22.3 / 15.6 / 59.2 / 1.0 / 1.9
増加計：37.9%

介護の時間
(n=18)
33.3 / 66.7
増加計：33.3%

0% 20% 40% 60% 80% 100%

（注）「わからない」「該当しない」は集計から除外している。増加計は、「1時間以上増加した」、
　　及び「30分程度増加した」の回答の合計

出典：厚生労働省「平成26年度テレワークモデル実証事業」（従業員アンケート）

03 テレワークで生じやすい課題

🏠 企業側に生じやすい課題

　独立行政法人労働政策研究・研修機構の企業調査によれば、テレワーク実施について、労働時間の管理、進捗状況の管理、コミュニケーション、情報セキュリティ、評価等の課題を抱えている企業が多いようです。

【テレワーク実施の問題・課題についての企業調査結果】

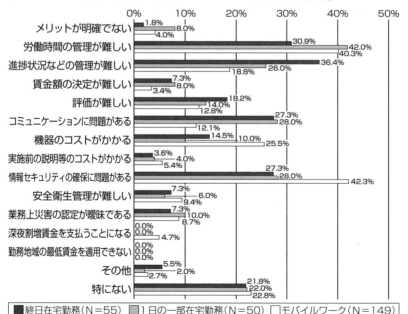

出典：独立行政法人労働政策研究・研修機構「情報通信機器を利用した多様な働き方の実態に関する調査結果」平成27年5月

従業員側に生じやすい課題

　他方、テレワークを実践した従業員に対する調査結果を見ると、「仕事と仕事以外の切り分けが難しい」が最も高い割合で38.3％、次いで、「長時間労働になりやすい」が21.1％、「仕事の評価が難しい」が16.9％、「上司等とコミュニケーションが難しい」が11.4％となっています。

【テレワークのデメリットについての従業員調査結果】

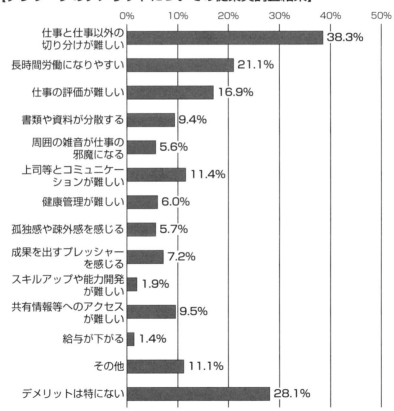

出典：独立行政法人労働政策研究・研修機構「情報通信機器を利用した多様な働き方の実態に関する調査結果」平成27年5月

また、2020年に実施された民間調査[3]では、4割近くのテレワーク勤務者がコミュニケーションや評価に不安を抱えているという結果も出ています。

課題を乗り越える鍵となるものは

現代のICT技術を駆使すれば、上記の課題のうち、解決できないものは1つもないと著者は考えています。

しかしながら、課題を乗り越えてテレワーク導入に成功する企業もあれば、乗り越えられずに道半ばで諦めてしまう企業も少なくないのが現実です。

様々な企業事例を見ると、この両者を分けるのは、ICTツールを整備できる資金力ではなく、経営トップの「テレワーク導入を成功させたい」という想いの強さの差であると感じます。経営トップがテレワークのメリットを理解し、自社にテレワークが必要であると確信することが、この想いの強さにつながり、テレワーク導入時に直面する様々な課題を乗り越える原動力となるのです。

3　パーソル総合研究所「テレワークにおける不安感・孤独感に関する定量調査」。調査時期は2020年3月9日〜3月15日

04 テレワークに向く業務・向かない業務

🏠 職種ではなく業務単位でテレワークできるかを判断すべし

テレワークができるかどうかを検討するとき、どうしても職種単位で検討してしまいがちです。たとえば、IT・エンジニアや事務・オフィスワークであればテレワークでき、店頭での販売・サービス提供が必要な職種はテレワークできないというような具合です。

たしかに、すべての労働日について終日テレワークを行うという前提であれば、このような検討方法は間違いではないでしょう。

しかしながら、テレワーク導入企業において、そのようなテレワークを認めている企業はごく一部にすぎません。厚生労働省が平時に行った企業調査によれば、導入企業の約半数では、テレワークの実施頻度は月3回以下でした。また、終日ではなく1日のうち数時間だけテレワークを認めているという企業も少なくありません。

【テレワークの平均的な実施頻度】

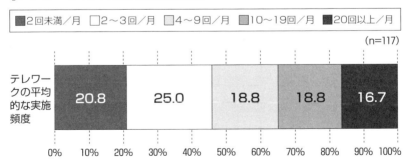

■2回未満／月 □2〜3回／月 ▨4〜9回／月 ▨10〜19回／月 ■20回以上／月

(n=117)

20.8	25.0	18.8	18.8	16.7

（注）小数点第2位を四捨五入した数値であるため、百分比の合計は100％にならない。
出典：厚生労働省「平成26年度テレワークモデル実証事業」（企業アンケート）

たとえば、店頭での販売・サービス提供を行う職種の方について、その方の業務を細かく棚卸ししてみると、報告書作成など、テレワーク可能な業務が多少なりとも見つかるのではないかと思います。

この職種だからテレワークは無理、と端から諦めずに、まずは業務の棚卸しを行い、テレワーク可能な業務がないかを探してみてください。

棚卸しした業務をテレワーク可能レベルで3つに分類

業務を棚卸しできたら、各業務を以下の3つのレベルに分類してください。現状でテレワークができるか否かの2択ではなく、「現状ではテレワークできないがICT技術を駆使すればテレワークできる業務」を含めた3択にすることがポイントです。

テレワーク可能レベル	業務の具体例
① テレワークできる業務	・データの入力・修正・加工 ・資料の作成 ・企画など思考する業務
② 現状ではテレワークできないがICT技術を駆使すればテレワークできる業務	・資料の電子化によってテレワークできるようになる業務（例：大量の紙媒体の帳簿を扱う業務） ・コミュニケーションツールの整備によってテレワークできるようになる業務（例：会議、打ち合わせ）
③ およそテレワークできない業務	・店頭での接客業務 ・工場での製造業務

テレワークできる業務の中から何を選ぶかは企業の方針次第

ある業務について、テレワークできるかどうかと、テレワークが適しているかどうかは別問題です。

　たとえば、打ち合わせについて、ウェブ会議ツールを使用すればテレワークは可能ですが、音声が聴き取りづらかったり、相手の表情を読み取りづらかったりするというデメリットは否定できず、直接対面で打ち合わせできるならそれに越したことはありません。他方で、データ入力や資料作成といった業務は、上司や同僚から話し掛けられることがない在宅勤務のほうが集中して効率よく行えるという方が多いようです。

　企業として、テレワーク導入の目的を生産性向上とするのであれば、テレワークで生産性の上がる業務についてのみテレワークを許可するという方針をとるべきです。他方、人材確保・コスト削減・非常時における事業継続性の確保を導入目的とするのであれば、テレワーク可能な業務は広くテレワークで行わせるべきですし、上記②に該当する業務について、テレワーク可能になるようにICTツールなどを積極的に導入すべきと言えます。

第 2 章

テレワークの導入手順

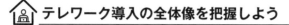

01 導入の全体像・ワークシートの使い方

🏠 テレワーク導入の全体像を把握しよう

　自社にもテレワークを導入したいけれど、何から手を付ければ良いかさっぱりわからない、という方も少なくないのではないでしょうか。

　そんな方のために、テレワークの導入手順について、全体像をお示しします。詳しいことは後ほど説明しますので、ここでは全体の流れをざっくりと掴んでいただければと思います。

【テレワークの導入手順】

①推進体制の構築	テレワークに関わる部門の代表者などを集め、社内でテレワークを推進するためのチームを作ります。
②基本方針の策定と周知	テレワークの導入目的、対象者、対象業務、実施頻度などを盛り込んだ基本方針を策定し、従業員に周知します。
③労務管理方法の決定	テレワーク勤務者について、労働時間管理や労働安全衛生対策などをどのように行うかを決定します。決定内容はテレワーク勤務規程に定めます。

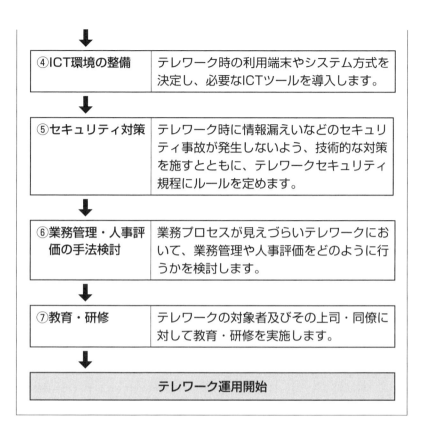

④ICT環境の整備	テレワーク時の利用端末やシステム方式を決定し、必要なICTツールを導入します。
⑤セキュリティ対策	テレワーク時に情報漏えいなどのセキュリティ事故が発生しないよう、技術的な対策を施すとともに、テレワークセキュリティ規程にルールを定めます。
⑥業務管理・人事評価の手法検討	業務プロセスが見えづらいテレワークにおいて、業務管理や人事評価をどのように行うかを検討します。
⑦教育・研修	テレワークの対象者及びその上司・同僚に対して教育・研修を実施します。
テレワーク運用開始	

ワークシートを使って導入を進めよう

　本書を読み進めるなかで迷子になってしまわないよう、ワークシートをご用意しました。このワークシートを記入していくことにより、テレワークの実施体制を網羅的に整備できるようにしています。

　これからテレワークを導入する企業や、テレワーク体制を見直したいという企業では、このワークシートをすべて埋めることを目的として本書を読み進めてみてください。ワークシートの各項目を記入するにあたってわからないことがあれば、第3章以降の詳細解説を参照してください。

【テレワーク導入ワークシート】

テレワーク導入ワークシート

①テレワーク推進体制（34頁以降参照）

部 門	役 職	氏 名
経営トップ		
経営企画		
人事・総務		
情報システム		
（テレワーク導入対象部門1）		
（テレワーク導入対象部門2）		

②基本方針（36頁以降参照）

導入目的	
テレワーク形態	導入する形態にチェック ☐　在宅勤務 ☐　サテライトオフィス勤務 ☐　モバイル勤務
対象者	
対象業務	
実施頻度	
開始時期	
トライアル期間	

③テレワーク時の労務管理（39頁以降・第3章・第4章参照）

労働時間制度	
労働時間の管理方法	
長時間労働の防止策	
メンタルヘルス対策	
規程類の整備	整備が完了したものにチェック ☐　労働条件通知書 ☐　就業規則本体 ☐　テレワーク勤務規程 ☐　テレワーク勤務許可申請書

	□ 勤務環境チェックシート
	□ サテライトオフィス概要報告書

④テレワーク時のICT環境（44頁以降・第5章参照）
※採用するものにチェック

利用端末	□ リッチクライアント型PC □ シンクライアント型PC □ タブレット型PC・スマートフォン
システム方式	□ リモートデスクトップ方式 □ 仮想デスクトップ方式 □ クラウド型アプリ方式 □ 会社PCの持ち帰り方式
ICTツール	□ 電子メール（ツール名：　　　　　　） □ チャット（ツール名：　　　　　　） □ ウェブ会議（ツール名：　　　　　　） □ カレンダー（ツール名：　　　　　　） □ タスク管理（ツール名：　　　　　　） □ 勤怠管理（ツール名：　　　　　　）

⑤テレワーク時のセキュリティ対策（47頁以降・第5章参照）

技術的な対策	
規程類の整備	整備が完了したものにチェック □ テレワークセキュリティ規程 □ 私物端末使用許可申請書

⑥テレワーク勤務者の業務管理・人事評価（49頁以降・第6章参照）

業務管理の問題点と対策	
人事評価の問題点と対策	

⑦テレワーク導入時の教育・研修（51頁以降参照）

実施日程	
実施場所	
対象者	
研修項目	

＊著者の公式サイトにて、本書の読者様限定で、本ワークシートのWordファイルをダウンロードいただけます。

公式サイトURL	https://kawakubo373.com/
パスワード	K3nZiG6Y

02 手順❶ 推進体制を構築しよう

🏠 会社が一丸となってテレワークを推進できる体制づくり

　テレワーク導入を円滑に進めるためには、会社が一丸となってテレワークを推進できる体制づくりが重要です。

　具体的には、経営トップが中心となり、経営企画部門、人事・総務部門、情報システム部門、そしてテレワーク導入対象部門の代表者などをメンバーに加えて、全社横断的な体制づくりをすることが求められます。

【推進体制のイメージ】

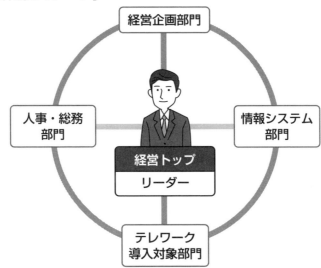

出典：厚生労働省「テレワークではじめる働き方改革」を参考に作成

ベストメンバーをワークシートに記入しよう

　思い立ったが吉日です。まずはワークシートに自社でテレワークを推進する際のベストメンバーを記入してみてください。

　たとえば、営業部門をテレワーク導入対象部門とする場合の記入例は次のとおりです。

【ワークシート項目①記入例】

部　門	役　職	氏　名
経営トップ	代表取締役	甲野 太郎
経営企画	部長	乙山 花子
人事・総務	部長	丙川 次郎
情報システム	部長	丁田 三郎
営業	部長	戊島 和美

　感染症対策などを目的に社内の全部門を対象にテレワークを導入する場合には、記入例の営業部門の下に、さらにそれ以外の部門の代表者を列記することになります。

　なお、中小企業では、そもそも部門が細かく分かれておらず、上記の複数の部門の仕事を代表取締役が一手に担っている企業も多いでしょう。あまり形式には因われず、自社においてテレワーク導入を円滑に進めるために最適なメンバーは誰かという視点で人選していただければと思います。

手順② 基本方針を策定し、
従業員に周知しよう

🏠 羅針盤としての基本方針の策定

手順①で選んだ推進メンバーを集めたら、まずは基本方針を策定しましょう。

基本方針は、自社のテレワーク導入の方向性を決める重要な羅針盤となります。経営トップは、自分の考えのみを押し通そうとせず、メンバーの意見によく耳を傾けて、自社に合ったテレワーク導入の方針を模索する必要があります。

🏠 導入目的を軸に、対象者・対象業務・実施頻度を決める

基本方針を策定するにあたり、最初に検討していただきたいのがテレワークの導入目的です。

18頁以降で述べたとおり、テレワークには、生産性の向上・人材確保・コスト削減・非常時における事業継続性の確保など、経営上の様々なメリットがあります。導入目的を検討する際には、今一度18〜19頁の表をご覧いただき、自社に当てはまる目的をワークシートに記入してみてください。もちろん、複数の目的がある場合には、複数記入していただいてかまいません。

たとえば、育児・介護・配偶者の転勤等を理由とした離職の防止と、天災事変や感染症の流行など非常時における事業継続性の確保を目的としてテレワークを導入する場合には、次のように記入します。

【ワークシート項目②記入例（1）】

導入目的	●育児・介護・配偶者の転勤等を理由に従業員が離職するのを防ぐ。 ●天災事変や感染症の流行など非常時における事業継続性を確保する。

　次に、導入目的をふまえて、テレワーク形態・対象者・対象業務・実施頻度を検討します。「導入目的を実現するのに最適なテレワーク形態・対象者・対象業務・実施頻度とは？」という観点から、推進メンバーでよく議論のうえ決定してください。

　たとえば、上記の記入例の導入目的をとる企業では、次のようにテレワーク形態・対象者・対象業務・実施頻度を設定することが考えられます。

【ワークシート項目②記入例（2）】

テレワーク形態	導入する形態にチェック ☑　在宅勤務 ☐　サテライトオフィス勤務 ☐　モバイル勤務
対象者	●平時：育児・介護・配偶者の転勤等の理由によりオフィスへの出社が困難な従業員 ●非常時：すべての従業員
対象業務	対象者が担当するすべての業務
実施頻度	●平時：対象者の事情をふまえ、実施頻度は個々に設定する。 ●非常時：非常事態が終息するまで全労働日について終日在宅勤務可能とする。

タイムリミットを明確にしてお尻に火を付ける

　最後に、テレワークの開始時期を決めましょう。タイムリミットが明確になれば、そこから逆算して準備のスケジュールを立てるこ

とができます。

　推進メンバーのお尻に火を付けるという意味でも、この開始時期の設定は非常に重要ですので、各メンバーの意見をふまえて、現実的な時期をワークシートに記入するようにしてください。また、トライアル期間を設ける場合にはそれも合わせて記入してください。

🏠 基本方針を従業員に周知する

　基本方針を策定できたら、従業員に周知しましょう。その際、テレワーク導入の対象部門や対象者だけでなく、できる限りすべての従業員に対して周知することが重要です。

　たとえば、一部の従業員のみをテレワークの対象とする場合、非対象者から不満が出たり、対象者が非対象者の目を気にしてなかなかテレワークしたいと申し出ることができなかったりすることがあります。

　このような事態を防ぐため、経営トップから従業員に対して、テレワークを導入する目的や、その目的をふまえて決定した方針を丁寧に説明することにより、テレワーク導入について全社で認識を共有し、テレワークを利用しやすい雰囲気を醸成する必要があります。テレワーク導入に成功している企業では、社長がトップメッセージとして、従業員に直接想いを語りかけ、従業員がそれに心を動かされて一気にテレワークの導入が進んだというケースが少なくないようです。

04 手順③ 労務管理の方法を決めよう

まずは労働時間制度を決めるところから

労働時間制度といきなり言われても、「えっ、何のこと？」と思う方が大半かもしれません。

労働基準法上、労働時間は原則として1日8時間・1週40時間以内とされていますが（いわゆる通常の労働時間制度）、それ以外にも一定の要件や手続きを満たせば、フレックスタイム制、事業場外みなし労働時間制、変形労働時間制、裁量労働制といった特殊な労働時間制度を適用することも可能です。

これらの特殊な労働時間制度のうち、テレワークと親和性が高いのはフレックスタイム制と事業場外みなし労働時間制です。フレックスタイム制を適用すれば、働く場所のみならず働く時間帯についても柔軟にすることができます。また、テレワークの場合に労働時間を算定することが困難であると言えるときには、事業場外みなし労働時間制を適用して一定時間働いたものとみなすことも可能です。

現在、通常の労働時間制度を適用している企業においては、テレワーク導入を機にフレックスタイム制に移行するかを検討したり、テレワーク時のみ事業場外みなし労働時間制を適用できないかを検討したりする必要があります。

労働時間制度の選択について、詳しくは56頁以降をご覧ください。

通常の労働時間制度の場合にはさらに検討が必要

在宅勤務の場合、「通勤時間が不要になる分だけ始業時刻を早め

たい」、「育児・介護などのための中抜けを柔軟に認めてほしい」、といったニーズが発生することがあります。

　通常の労働時間制度を適用する企業において、このようなニーズに応えるためには、始業・終業時刻の繰り上げ・繰り下げを可能にしたり、休憩時間の取得方法を柔軟化したりするなど、追加の施策を講じる必要があります。

　これらの点について、詳しくは58頁以降をご覧ください。

　なお、通常の労働時間制度を適用しつつ、その柔軟な運用を希望する企業のワークシート記入例は次のとおりです。

【ワークシート項目③記入例（1）】

労働時間制度	通常の労働時間制度を適用しつつ、以下のとおり柔軟な運用をする。 ●始業・終業時刻については、各従業員の事情をふまえ、個別に繰り上げ・繰り下げの対応を行う。 ●所定の休憩時間を分割して取得できるようにする。

労働時間の管理方法を検討しよう

　前述のいずれの労働時間制度を適用する場合にも、労働時間の管理は必要になります。特に、管理監督者ではなく、かつ、みなし労働時間制（事業場外みなし労働時間制又は裁量労働制）が適用されない従業員については、「労働時間の適正な把握のために使用者が講ずべき措置に関するガイドライン」（厚生労働省、平成29年1月20日。以下、「労働時間ガイドライン」といいます。）に従い、厳密な労働時間管理を行う必要があります。

　同ガイドラインでは、労働時間を客観的な記録に基づいて確認することを原則としており、企業としてはできる限りそのような方法で管理したほうが安心です。

　多くのテレワーク導入企業では、電子メールや勤怠管理ツールを

用いて労働時間管理を行っていますが、その具体的な態様次第では、ガイドラインの定める原則的な方法ではなく、例外的な自己申告制に当たってしまう場合もあるため注意が必要です。76頁以降を参考に、労働時間の管理方法を具体的に決定してください。

【ワークシート項目③記入例（2）】

労働時間の管理方法	勤怠管理ツールを新たに導入して労働時間を管理する。 なお、導入ツールを選択する際には、ボタンを打刻した実時刻をもって労働時間や休憩時間を記録するタイプのものを選ぶよう留意する。

長時間労働の防止策やメンタルヘルス対策を検討しよう

　テレワークにおいては、オンオフの切り替えがうまくいかず長時間労働になりがちであったり、物理的に離れた場所にいるがゆえに上司が部下のメンタル不調に気付きづらくなったりするというリスクが指摘されています。

　長時間労働の防止策については96頁以降、メンタルヘルス対策については105頁以降を参考に、自社でとりうる対応を検討してみてください。

【ワークシート項目③記入例（3）】

長時間労働の防止策	●勤怠管理ツールの通知機能を利用し、1日の労働時間が10時間を超えた場合には、従業員本人と上司に通知されるようにする。
メンタルヘルス対策	●ICTツールのデータをふまえ、上司は部下の勤怠に乱れが生じていないか、業務が不自然に遅れていないかを毎日確認し、問題があれば逐一ウェブ会議で面談を行い、部下の状況を確認する。

●部署ごとに毎朝オンライン朝礼を行うとともに、
上司は部下と少なくとも週1回、直接またはウェ
ブ会議にて面談を行う。この朝礼及び面談時に、
上司は部下の表情・動作・言動・服装に問題がな
いかを確認する。

各種規程類の見直し・整備

　テレワークを導入するにあたり、新たに雇用する従業員について
雇入れ直後からテレワークをさせる場合には、労働条件通知書の就
業場所の欄にテレワークを行う場所を記載しなければなりません。
記載方法については、118頁以降をご覧ください。

　他方、就業規則については、テレワーク勤務時において就業場所
のみを変更するだけであり、その他の労働条件はすべてオフィス勤
務時と同じなのであれば、就業規則の改定は不要です。しかしなが
ら、大半の場合には、テレワーク勤務に伴って従業員に通信費や光
熱費などの費用負担が発生したり、通勤手当の支給方法の見直しが
必要であったりするため、就業場所以外の労働条件がすべて同じと
いうケースは稀です。また、情報セキュリティに関する点など、テ
レワーク特有の服務規律を定めておいたほうが企業としては安心で
す。

　そこで、テレワークを導入する際には、ワークシートに列挙して
いる各種規程類を事前にしっかりと整備することをおすすめしてい
ます。

【ワークシート項目③記入例（４）】

規程類の整備	整備が完了したものにチェック
	☑ 労働条件通知書
	☑ 就業規則本体
	☑ テレワーク勤務規程
	☑ テレワーク勤務許可申請書
	☑ 勤務環境チェックシート
	☑ サテライトオフィス概要報告書

「こんなにたくさんの規程や書式、一から全部作るなんて無理！」

　そんな悲鳴が聞こえてきそうですが、ご安心ください。すべての規程や書式について、雛形をご用意しております（第4章参照）。

　また、著者の公式サイトでは、本書の読者様限定で、各種雛形のWordファイルをダウンロードすることが可能です。

公式サイトURL	https://kawakubo373.com/
パスワード	K3nZiG6Y

《注意事項》

・URLの入力はすべて半角英数字で行ってください。

・本書の規程例又は各種書式例を使用したことにより万一損害が発生したとしても、日本実業出版社及び著者は責任を負いかねます。必ずご自身の判断及び責任においてご使用ください。

・本書の規程例及び各種書式例の全部又は一部について、自社の規程又は書式を作成すること以外の目的で使用することを禁じます。

・ダウンロードサービスは予告なく内容を変更する場合があります。

05 手順④ ICT環境を整えよう

利用する端末を選択しよう

　テレワークで利用しうる端末としては、大きく分けて以下の３種類があります。

- ●リッチクライアント型PC
- ●シンクライアント型PC
- ●タブレット型PC・スマートフォン

　188頁以降の説明を参考に、どの端末を利用するかを選択してください。

テレワークのシステム方式を選択しよう

　テレワーク環境におけるシステム方式は、主に以下の４つの方式があります。

- ●リモートデスクトップ方式
- ●仮想デスクトップ方式
- ●クラウド型アプリ方式
- ●会社PCの持ち帰り方式

　189頁以降の説明を参考に、どのシステム方式で運用するかを選択してください。

企業の方針別ワークシートの記入例

　とにかく費用をかけたくないという企業では、オフィスで使用し

ているリッチクライアント型PCをそのまま持ち帰って使ってもら
うという方法を選択すると良いでしょう。「リッチクライアント」
とは、内蔵しているハードディスク内に情報を保存することができ
る端末のことで、通常、私たちがPCと聞いてイメージするのはリ
ッチクライアント型PCです。

【コスト重視の企業のワークシート項目④記入例】

利用端末	☑ リッチクライアント型PC ☐ シンクライアント型PC ☐ タブレット型PC・スマートフォン
システム方式	☐ リモートデスクトップ方式 ☐ 仮想デスクトップ方式 ☐ クラウド型アプリ方式 ☑ 会社PCの持ち帰り方式

　他方、費用はかかってもセキュリティを確保したいという企業で
は、シンクライアント型PCを利用したリモートデスクトップ方式
又は仮想デスクトップ方式を選択すると良いでしょう。リモートデ
スクトップ方式のほうが仮想デスクトップ方式よりも安価に導入で
きるため、中小企業ではリモートデスクトップ方式を選択するとこ
ろが多いようです。

【セキュリティ重視の企業のワークシート項目④記入例】

利用端末	☐ リッチクライアント型PC ☑ シンクライアント型PC ☐ タブレット型PC・スマートフォン
システム方式	☑ リモートデスクトップ方式 ☐ 仮想デスクトップ方式 ☐ クラウド型アプリ方式 ☐ 会社PCの持ち帰り方式

ICTツールを選択しよう

　著者の経験上、中小企業がテレワークを導入する場合に、最低限用意しておいたほうが良いICTツールは以下の4点です。

- ●電子メールツール
- ●チャットツール
- ●ウェブ会議ツール
- ●カレンダーツール

　さらに、テレワーク勤務者の業務管理や労務管理を楽に行いたいのであれば、以下の2点も用意しておくと良いでしょう。

- ●タスク管理ツール
- ●勤怠管理ツール

　194頁以降の説明を参考に、どのICTツールを利用するかを選択してください。

06

手順⑤ セキュリティ対策を
講じよう

🏠 まずは技術的なセキュリティ対策を知るところから

テレワークのセキュリティ対策について、すぐに思いつくのは、PCの紛失防止やPCモニターの覗き見防止など、テレワーク勤務者の側で気を付けるべき物理的な対策だと思います。

しかしながら、それよりも前に企業として講じなければならないのが、アクセス制限やハードディスクの暗号化などの技術的なセキュリティ対策です。この技術的なセキュリティ対策について、多くの読者は「そもそも何をすれば良いのかわからない」という状態であろうと思います。まずは199頁以降をお読みいただき、技術的なセキュリティ対策として何ができるのかを知るところからはじめてください。

【ワークシート項目⑤記入例（1）】

技術的な対策	● 社内サーバやクラウドシステムに所定のIPアドレスからしかアクセスできないように制限をかける。 ● テレワークで使用するPCのハードディスクを暗号化する。 ● PCやサーバ等の端末について常に最新のウイルス対策ソフトを入れておく。 ● 電子データは定期的に自動でバックアップする。 ● ネットワークはVPNを使用する。

テレワークセキュリティ規程等を整備する

　前述の物理的なセキュリティ対策に関連して、テレワーク勤務時においてテレワーク勤務者が気を付けるべき情報セキュリティ上のルールを定めた規程類を作成しましょう。

【ワークシート項目⑤記入例（2）】

規程類の整備	整備が完了したものにチェック ☑　テレワークセキュリティ規程 ☑　私物端末使用許可申請書

　これらの規程例については、203頁以降に雛形をご用意しております。また、前述の著者公式サイトにおいて雛形のWordファイルをダウンロードすることも可能です（43頁参照）。

手順⑥ 業務管理・人事評価の手法を検討しよう

現在の業務管理の手法を見直す

　現在、オフィスでの口頭のやり取りだけで何となく業務進捗を把握しているという企業では、テレワークになった途端に業務管理に支障が生じてしまうところが多いでしょう。

　そのような企業では、223頁以降を参考に、業務管理の手法を見直す必要があります。

【ワークシート項目⑥記入例】

業務管理の問題点と対策	《問題点》 業務が属人化しており、業務担当者に直接聞かなければ業務進捗がわからない状況になっている。 《対策》 タスク管理ツールを導入し、業務に関する情報をすべてツール内に集約させる。 この情報集約により、ツールにアクセスすれば各業務の進捗がリアルタイムで把握できる状況を作り上げる。

現在の人事評価の手法に不都合はないか

　テレワークという働き方を会社に根付かせるためには、テレワーク勤務者もオフィス勤務者と同じように、公平・公正に評価される仕組みを作り上げることが重要です。

　この点について、企業としてテレワーク勤務者を公平・公正に評

49

価しようとしても、テレワークであることにより従来の方法での人事評価が難しくなるケースが少なくないようです。具体的には、仕事の成果だけでなく、仕事に取り組む姿勢といったプロセスも評価の対象としている場合、物理的に離れた場所で働くテレワークではプロセスが見えづらいといった問題が発生しがちです。

🏠 人事評価の手法改善の２つのアプローチ

　このような問題を抱える企業がとりうるアプローチは２つあります。１つ目は、プロセスを評価の対象から外すという人事評価制度自体の見直しです。２つ目は、ICTツールを活用するなどして、テレワークであっても仕事のプロセスを可視化し、プロセスを評価できるようにするアプローチです。

　詳しくは、228頁以降を参考に、テレワーク勤務者であっても支障なく評価できるような仕組みを検討してください。

【プロセスを評価対象から外す場合のワークシート項目⑥記入例】

人事評価の問題点と対策	《問題点》 現在の人事評価では仕事のプロセスも評価対象となっているところ、テレワークでは仕事のプロセスが見えづらい。 《対策》 ジョブ型雇用への移行を進め、仕事のプロセスを評価対象から外す。

【プロセスを可視化する場合のワークシート項目⑥記入例】

人事評価の問題点と対策	《問題点》 （上記記入例と同じ） 《対策》 タスク管理ツールで業務進捗を管理することにより、仕事のプロセスを可視化する。

手順⑦ 導入のための教育・研修を実施しよう

制度は使われなければ意味がない

　経営トップが意気揚々とテレワークを導入したのは良いけれど、結局あまり使われずに制度が自然消滅してしまったという話を聞くことがあります。

　このようなケースでは、そもそも制度設計自体に問題があったか、又は従業員への教育が不十分であり制度内容やICTツールの利用方法が理解されていなかったことが原因で、テレワークがうまく浸透しなかったようです。

　テレワークを導入しても、従業員に使ってもらえなければまったく意味がありません。手順②〜⑥でしっかりと制度設計をした上で、従業員への教育も抜かりなく行う必要があります。

テレワーク導入時の教育には2つの目的がある

　テレワーク導入時の教育には、社内の認識の共有を図るための啓発と、円滑にテレワークを実施するためのガイダンスの2つの目的があります。

　前者の目的は、主に手順②の従業員への基本方針の周知によって実現することになります。そこで、本項では、後者のガイダンス目的の教育について解説します。

ガイダンスの対象者には上司・同僚を含めるべし

　ガイダンス目的の教育と言うと、テレワーク勤務予定者のみを対

象にしてしまいがちです。しかしながら、テレワーク導入を成功に導くためには、その上司・同僚も対象者に含めることにより、周囲からの理解や支援を得られるようにすることが重要です。

　また、テレワーク時に使用するチャットやウェブ会議などのICTツールは、テレワーク勤務者とその上司・同僚との間で使用することが想定されるため、上司・同僚にも操作方法を習得してもらう必要があるのです。

【ワークシート項目⑦記入例（1）】

対象者	●テレワーク勤務予定者 ●テレワーク勤務予定者の直属の上司 ●テレワーク勤務予定者が属するプロジェクトのメンバー全員

🏠 ガイダンスの３つのポイント

　ガイダンス目的の教育を通して、対象者に習得してもらうべきポイントは以下の３つです。

- ●テレワークの目的・必要性を理解する
- ●テレワーク時のルールについて理解する
- ●ICTツールを操作できるようになる

　これらのポイントを押さえるには、たとえば次のような項目立てで研修資料を作成すると良いでしょう。

【ワークシート項目⑦記入例（2）】

研修項目	●テレワークとは ●テレワーク導入の目的・必要性

●導入までのスケジュール
●テレワーク勤務規程・テレワークセキュリティ規程・各種書式の説明
●テレワーク時に使用するICTツールの操作方法
●テレワーク勤務者の勤怠管理・業務管理（管理職向け）
●テレワーク勤務者の人事評価（管理職向け）

第 **3** 章

労務管理のポイント

01 テレワークと労働時間制度

🏠 テレワークに適用できる労働時間制度

　労働基準法に規定されている労働時間制度のうち、テレワークについて適用できないものはありません。

　1日8時間・1週40時間以内という通常の労働時間制度（労働基準法第32条）だけでなく、変形労働時間制（同法第32条の2、第32条の4、第32条の5）やフレックスタイム制（同法第32条の3）、及び労働者の業務内容次第では裁量労働制（同法第38条の3、第38条の4）の適用も可能です。

　さらに、労働時間を算定することが困難な場合には、事業場外みなし労働時間制（同法第38条の2）を利用して、一定の時間労働したとみなすこともできますが、後述のとおり事業場外みなし労働時間制の適用には慎重な検討が必要です。

🏠 約7割の企業が通常の労働時間制度を適用

　テレワークだからといって、必ずしも特別な労働時間制度を適用しなければいけないというわけではなく、独立行政法人労働政策研究・研修機構が行った「情報通信機器を利用した多様な働き方の実態に関する調査結果」によれば、テレワーク導入企業の約7割が通常の労働時間制度を適用しています。

【テレワーク導入企業で適用されている労働時間制度】

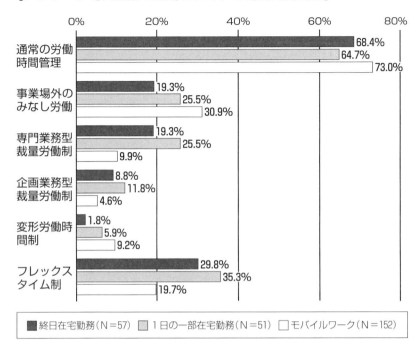

終日在宅勤務（N＝57）　　1日の一部在宅勤務（N＝51）　　モバイルワーク（N＝152）

出典：独立行政法人労働政策研究・研修機構「情報通信機器を利用した多様な働き方の実態に
　　　関する調査結果」平成27年5月

02 通常の労働時間制度の柔軟な運用

🏠 通常の労働時間制度でも柔軟な働き方は実現できる

　在宅勤務の場合、「通勤時間が不要になる分だけ始業時刻を早めたい」、「育児・介護などのための中抜けを柔軟に認めてほしい」、といったニーズが発生することがあります。

　このような場合、「フレックスタイム制を適用しなければならないのでは？」と思われる方も少なくないでしょう。

　しかしながら、たとえば所定労働時間が1日8時間の会社において、8時間という所定労働時間自体は変更せずに、働く時間帯だけを柔軟にしたいという場合には、通常の労働時間制度でも十分に対応することが可能です。

　通常の労働時間制度を適用しつつ、働く時間帯を柔軟に運用するための方法として、以下の3つの方法が考えられます。

---

① 始業・終業時刻の繰り上げ・繰り下げを認める
② 所定の休憩時間の分割取得を認める
③ 所定の休憩時間とは別に中抜けのための休憩を認める

　以下、それぞれの方法をとるためにはどうすれば良いかを解説します。

🏠 始業・終業時刻の繰り上げ・繰り下げを認めるには

　所定の始業・終業時刻の繰り上げ・繰り下げを認めることにより、

通勤時間が不要になる分だけ早く働き始めたり、就業時間中に私用で中抜け休憩[1]を取得した分だけ終業を遅くしたりすることが可能になります。

　始業・終業時刻は就業規則の絶対的必要記載事項であるため、始業・終業時刻の変更を行う場合にはその旨が就業規則に明記されていなければなりません（労働基準法第89条第1号）。

　そこで、まずは自社の就業規則の労働時間に関する条文を確認してください。会社が業務上の必要に応じて始業・終業時刻を繰り上げ・繰り下げできるというような規定はありますか。そのような規定がない場合には、テレワーク勤務規程[2]のなかに入れておいてください（テレワーク勤務規程例第7条第2項〈154頁以降〉参照）。

　次に、従業員に対して、具体的にどのような繰り上げ・繰り下げを希望しているかを確認してください。たとえば、所定の始業時刻が9時、終業時刻が18時である従業員が「在宅勤務日には始業・終業時刻を1時間繰り上げてほしい」と希望したとします（下図参照）。この場合に、会社としてそのような繰り上げを認めるのであれば、上述の就業規則又はテレワーク勤務規程の規定を根拠に、会社から

【通勤時間の分だけ始業・終業時刻を繰り上げる場合】

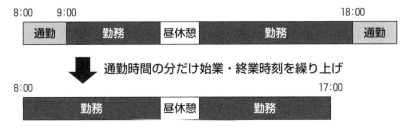

1　中抜けについては第9項で後述するとおり、休憩時間として取り扱う方法と、時間単位の年次有給休暇として取り扱う方法があります。本書において、前者の方法をとる場合を「中抜け休憩」といいます。
2　テレワーク勤務規程は広義の就業規則に含まれますので、就業規則本体とは別に作成していたとしても、労働基準法第89条違反とはなりません。

当該従業員に対して、在宅勤務日の始業時刻を8時に、終業時刻を17時に繰り上げるよう指示することにより、希望通りの働き方を実現できます。

　なお、一度このような指示を行ったとしても、ある在宅勤務日について、始業・終業時刻の繰り上げをすることにより業務に支障が生じるような場合には、その日については原則通り9時から18時まで働くよう再度指示を行うことが可能です。

🏠 所定の休憩時間の分割取得を認めるには

　たとえば、所定の休憩時間を1時間と設定している従業員について、1時間の休憩を昼にまとめて取得するのではなく、分割して取得できるようにすることで、終業時刻を繰り下げることなく、柔軟に中抜け休憩を取ることが可能になります。

　休憩時間も就業規則の絶対的必要記載事項であるため、休憩時間を分割取得できるようにするにはその旨を就業規則に定めておかなければなりません（労働基準法第89条第1号）。テレワークのときにだけ分割取得を認めるのであれば、就業規則本体ではなくテレワーク勤務規程に明記することでも足ります。

　また、休憩時間は特定業種[3]を除き原則として事業場の全従業員に一斉に与えなければならないとされています（一斉休憩の原則、労働基準法第34条第2項本文）。そこで、中抜け休憩を各従業員の好きなタイミングでとらせるには、一斉休憩の原則の適用除外に関する労使協定を事前に労使間で締結する必要があります（同項但書）。

　そのように就業規則を改定し、労使協定を締結することにより、従業員は1時間の休憩時間を自分の状況に合わせて分割し、昼休憩

3　運輸交通業、商業、金融広告業、映画・演劇業、通信業、保健衛生業、接客娯楽業、官公署の事業については、休憩時間を一斉に与えなくて良いとされています（労働基準法施行規則第31条）。

や中抜け休憩に柔軟に利用することができるのです。ただし、柔軟に利用できるとはいっても、労働者の心身の疲労を回復させるという休憩時間の制度趣旨から、あまりにも細かく休憩時間を分割するのは適切ではありませんのでご注意ください。

　なお、就業規則の定め方や労使協定の内容など、詳細については82頁以降をご参照ください。

【休憩時間の分割取得を認める場合】

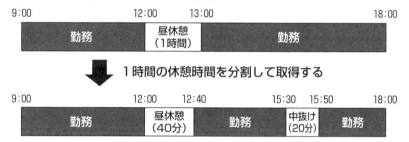

所定の休憩時間とは別に中抜けのための休憩を認めるには

　では、１時間の休憩は必ず12時から13時の間にとるものとし、それとは別に中抜け休憩を認めたい場合にはどうすればよいのでしょうか。

　まず、就業規則において、所定の休憩時間以外にも休憩を与えることがある旨を明記する必要があります。前述のとおり、休憩時間は就業規則の絶対的必要記載事項であるからです。

　次に、一斉休憩の原則の適用除外についてですが、一斉休憩の原則は、あくまで法定の休憩時間[4]にかかるものです。したがって、

4　労働時間が６時間を超える場合には少なくとも45分、８時間を超える場合には少なくとも１時間の休憩時間を労働時間の途中に与えなければなりません（労働基準法第34条第１項）。

それとは別に中抜けのための休憩を認める場合には、一斉休憩の原則の適用除外に関する労使協定を締結する必要はありません。

　所定の休憩時間とは別に中抜け休憩を取らせる場合、中抜け休憩の時間分だけ終業時刻を繰り下げるか、又は賃金を控除する、という対応をとることになります。

　終業時刻を繰り下げる方法をとる場合には、別途58頁以降の「始業・終業時刻の繰り上げ・繰り下げを認めるには」で述べた対応が必要ですのでご注意ください。

【所定の休憩時間とは別に中抜け休憩を認める場合】

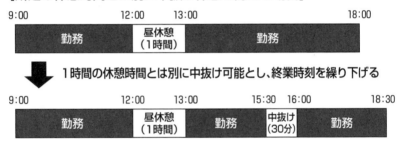

03 フレックスタイム制の活用

🏠 フレックスタイム制とは

　フレックスタイム制とは、一定の期間（「清算期間」といいます。）についてあらかじめ定めた総労働時間の範囲内で、労働者が所定労働日の始業・終業時刻や労働時間を自ら決めることができる制度です。

　どの時間帯に働くかを完全に自由とすることもできますし、コアタイムやフレキシブルタイムを設けることで一定の制約をかけることも可能です。

　コアタイムとは、必ず勤務しなければならない時間帯のことです。業務連絡や社内会議等のために一定の時間帯については必ず勤務してほしいという場合には、コアタイムを設定する必要があります。

　フレキシブルタイムとは、いつ勤務してもよい時間帯のことです。深夜の時間帯に働かれてしまうと、労働者の健康面への影響が懸念されますし、また深夜労働の割増賃金[5]の支払いも必要になります。そこで、フレキシブルタイムを設定することにより、勤務してよい時間帯をフレキシブルタイムの範囲内に限定することができます。深夜労働の割増賃金との関係で、5時から22時までの間でフレキシブルタイムを設定する企業が多いようです。

5　22時から翌朝5時までの間において労働させた場合には、2割5分以上の率で計算した割増賃金を支払わなければなりません（労働基準法第37条第4項）。

【通常の労働時間制度とフレックスタイム制の比較①】

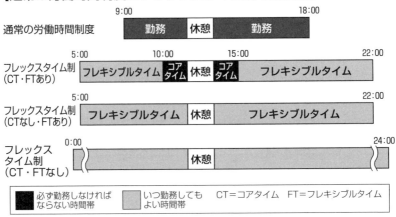

フレックスタイム制の利点

　上記のように、労働者が1日のなかで働く時間帯を柔軟に決められることは、フレックスタイム制の1つ目の大きな利点です。

　そして、2つ目の大きな利点は、どの日に何時間働くかを労働者が柔軟に決められることです。

　通常の労働時間制度を適用する場合には、労働契約上、労働者は所定労働日において一定の所定労働時間働く義務を負います。たとえば、所定労働時間が8時間の労働者は、特段の事情がない限り、1日8時間は働かなければなりません。これを使用者側の賃金計算の面から見ると、所定労働時間が8時間の労働者が、ある所定労働日に6時間働き、別の日に10時間働いた場合、前者の日については2時間分の賃金を控除し、後者の日については2時間分の賃金（時間外労働の割増賃金[6]を含む。）を追加で支払わなければなりません。

6　通常の労働時間制度を適用する場合、1日8時間又は1週40時間という法定労働
　時間を超えて働かせるときには、2割5分以上（一定の場合には5割以上）の率で
　計算した割増賃金を支払わなければなりません（労働基準法第37条第1項）。

他方、フレックスタイム制を適用する場合には、清算期間におけ
る実労働時間があらかじめ定めた総労働時間に達していれば足り、
各所定労働日において何時間働くかは労働者の決定に委ねられます。
たとえば、清算期間を1か月・総労働時間を160時間と設定した場
合において、月間の実労働時間が160時間に達するようにさえすれば、
ある所定労働日には6時間働き、別の日には10時間働く、というよ
うな柔軟な働き方ができるようになるのです。これを使用者側の賃
金計算の面から見ると、ある月の実労働時間が160時間を超えると
きは賃金を追加して支払い、160時間を下回るときは賃金を控除す
るという処理をすれば足りるため、通常の労働時間制度に比べて賃
金計算が格段に楽になります。

【通常の労働時間制度とフレックスタイム制の比較②】

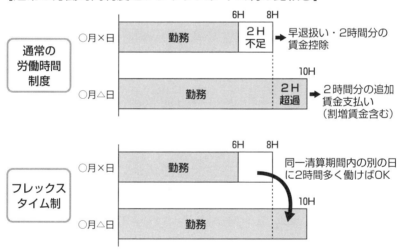

　テレワークとフレックスタイム制を併用することにより、働く場
所だけでなく働く時間も柔軟にできるため、従業員にとっての働き
やすさは飛躍的に向上します。特に乳幼児を育児中の従業員にとっ
ては、子供を寝かしつけた後や子供が起きるまでの時間、在宅で働

くことができると、就労可能時間は格段に増えます。また、子供の急な発熱や保育所の行事等で8時間働けない日があったとしても、その分だけ別の日に働けば良いという選択肢があるのは非常に心強いものです。

🏠 フレックスタイム制導入時の注意点

このように、フレックスタイム制は従業員にとって有益である反面、会社側にとってはコアタイム以外の時間帯は就業を命じることができなくなるという縛りがかかります。そこで、フレックスタイム制を導入する際には、コアタイムをどのように設定するかを慎重に検討しなければなりません。コアタイムは、毎日同じ時間帯とする必要はなく、たとえば曜日ごとに異なる時間帯を設定することも可能です。自社において、業務連絡や社内会議等のために必ず就業してほしい時間帯はいつなのかを具体的に検討したうえでコアタイムを設定するようにしてください。もちろん、そのような時間帯がない場合にはコアタイムを設定しなくてかまいません。

また、フレックスタイム制は従業員の自主的な判断を重んじる制度であるため、フレックスタイム制を実際に適用したときに、従業員の資質によっては業務がうまく回らなくなるリスクもあります。そこで、フレックスタイム制の適用により業務に支障が生じ、上司が指導をしても改善しない従業員については、会社側の判断でフレックスタイム制の適用を外すことができるような制度設計にしておくことが重要です。

なお、フレックスタイム制を新たに導入する際の手続きとして、就業規則その他これに準ずるものに始業及び終業の時刻を労働者の決定に委ねる旨を規定し、法定の必要事項を定めた労使協定を締結する必要があります（労働基準法第32条の3）。また、清算期間は3か月以内で設定できますが、清算期間が1か月を超える場合には、

労使協定届を所轄の労働基準監督署長に届け出なければなりません。

【労使協定に定めるべき必要事項】

① 対象となる労働者の範囲

② 清算期間

③ 清算期間における総労働時間（清算期間における所定労働時間）

④ 標準となる1日の労働時間

⑤ コアタイム（※任意）

⑥ フレキシブルタイム（※任意）

※各事項について、労働基準法上のルールに則って定める必要があります。詳しくは、厚生労働省のパンフレット[7]をご確認ください。

7　厚生労働省・都道府県労働局・労働基準監督署「フレックスタイム制のわかりやすい解説＆導入の手引き」

04 事業場外みなし労働時間制を 適用できるとき

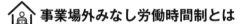 **事業場外みなし労働時間制とは**

　事業場外みなし労働時間制は、労働者が労働時間の全部又は一部について事業場外で業務に従事した場合において、労働時間を算定することが困難なときには、その事業場外労働については一定の時間労働したとみなすことのできる制度です（労働基準法第38条の２）。

　テレワークはまさに事業場外で行われることから、事業場外みなし労働時間制を適用したいという企業も少なくないでしょう。しかしながら、厚生労働省の「情報通信技術を利用した事業場外勤務の適切な導入及び実施のためのガイドライン」（平成30年２月22日、以下、「テレワークガイドライン」といいます。）、において、労働時間を算定することが困難であるというためには、以下の要件をいずれも満たす必要があるとされている点に注意が必要です。

> ①　情報通信機器が、使用者の指示により常時通信可能な状態におくこととされていないこと
> ②　随時使用者の具体的な指示に基づいて業務を行っていないこと

　これだけでは抽象的すぎてわかりづらいので、もう少し詳細に要件を見ていきましょう。

🏠 要件①に該当するかの判断基準

テレワークガイドラインでは、上記の要件①について、次のように説明しています。

> 「情報通信機器が、使用者の指示により常時通信可能な状態におくこととされていないこと」とは、情報通信機器を通じた使用者の指示に即応する義務がない状態であることを指す。なお、この使用者の指示には黙示の指示を含む。
>
> また、「使用者の指示に即応する義務がない状態」とは、使用者が労働者に対して情報通信機器を用いて随時具体的指示を行うことが可能であり、かつ、使用者からの具体的な指示に備えて待機しつつ実作業を行っている状態又は手待ち状態で待機している状態にはないことを指す。例えば、回線が接続されているだけで、労働者が自由に情報通信機器から離れることや通信可能な状態を切断することが認められている場合、会社支給の携帯電話等を所持していても、労働者の即応の義務が課されていないことが明らかである場合等は「使用者の指示に即応する義務がない」場合に当たる。

※下線は著者によります。

PCやスマートフォン、携帯電話等が労働者の手元にあり、使用者が労働者と連絡をとろうと思えばいつでもとれる状態であるという場合、単にそれだけで要件①の該当性が否定されるわけではありません。テレワークガイドラインは、さらに踏み込んで、「情報通信機器を通じた使用者の指示に即応する義務」があるかどうかで判断するとしています。

たとえば、あるテレワーク導入企業では、テレワーク中の従業員について、チャットでメッセージを送ったときに10分以上応答がな

いことが複数回続く場合には、テレワークに向かない者であるとしてそれ以降はテレワークを許可しないという社内基準を作っているそうです。このような会社では、まさにチャットでの連絡に「即応する義務」を課していると言えるため、要件①を満たさないことになります。

🏠 要件②に該当するかの判断基準

次に、テレワークガイドラインでは、上記の要件②について、次のように説明しています。

> 「具体的な指示」には、例えば、当該業務の目的、目標、期限等の基本的事項を指示することや、これら基本的事項について所要の変更の指示をすることは含まれない。

たとえば、「来月の商談で使う資料なので、今月中にドラフトを作ってほしい」といった程度の指示をすることは、要件②の「具体的な指示」には当たりません。

🏠 真に労働時間の算定が困難な場合に限って適用を検討すべし

事業場外みなし労働時間制は使用者に悪用されるおそれがあることから、裁判になった場合、労働時間を算定することが困難であることは容易には認められない傾向にあります（自宅での作業時間等について事業場外みなし労働時間制の適用を否定した例として、ハイクリップス事件・大阪地判平成20年3月7日・労判971号72頁）。

したがって、安易に事業場外みなし労働時間制を適用することは避け、実質的に見て、真に労働時間の算定が困難な場合に限って適用を検討することをおすすめします。

それでは、実質的に見て、真に労働時間の算定が困難な場合とは、

どのような場合を指すのでしょうか。

　この点について、著者が推奨しているのは、テレワークを行う環境が「公私分離型」と「公私混同型」のいずれに当たるのかを基準に判断する方法です。

🏠 仕事だけに集中できる「公私分離型」

　公私分離型とは、事業場外ではあるけれども仕事だけに集中できる環境を指します。たとえば、自宅の書斎に1人こもって働く場合、出張先のホテルの部屋や移動中の新幹線の車内で働く場合などは、公私分離型に当たります。

　また、育児や介護をしながら在宅勤務をする場合であっても、子供の年齢が大きかったり介護が必要な度合が低かったりして、子供や要介護者のケアは昼食を一緒にとることや、数時間に1回程度様子を確認することで足りるような場合には、実質的に見て公私分離型に当たると言えるでしょう。

　このような公私分離型の環境で働く場合には、勤怠管理ツールを使って労働時間か休憩時間かを記録することにより、労働時間を算定することは容易にできます。したがって、使用者としては、このような公私分離型でテレワークをする労働者については、あえて裁判で無効とされるリスクをとって事業場外みなし労働時間制を適用することはせず、勤怠管理ツールを導入して労働時間管理をするという方針をとるほうが賢明です。勤怠管理ツールを導入するには一定のコストがかかりますが、裁判で事業場外みなし労働時間制の適用が否定された場合に発生しうる未払い賃金額と比べれば格段にお得だと思います。

🏠 仕事とプライベートが混在する「公私混同型」

　次に、公私混同型とは、仕事とプライベートが混在する環境を指

します。たとえば、乳幼児の世話をしながら自宅で働く場合や、介護が必要な度合が高く随時介護が必要な親の介護をしながら実家で働く場合などは、公私混同型に当たります。

　公私混同型の環境で働く場合には、仕事の時間とプライベートの時間が細かく入り混じっているため、勤怠管理ツールを使って労働時間を記録しようとしても、数分に一度（酷いときには数十秒に一度）、労働時間と休憩時間の切り替えの打刻をしないといけないことになり、およそ現実的ではありません。また、乳児を育てながら働く場合、授乳中は乳児が泣き出すリスクがないため格好の仕事時間となるわけですが（著者経験済み）、授乳しながら働くというその時間は、まさに仕事とプライベートが同時並行で行われているため、時間を切り分けることすら不可能です。

　このような公私混同型では、実質的に見て労働時間の算定は困難であると言えるため、事業場外みなし労働時間制を適用する余地があると考えます。また、公私混同型の環境で働く労働者にとっては、細かく労働時間を記録することを求められるのが逆に負担となることも想定されるため、事業場外みなし労働時間制の適用が労働者の働きやすさにもつながりうると思います。

【テレワークを行う環境の類型】

05 自社に合った労働時間制度を見つけよう

フロー図を活用した労働時間制度の選択

　ここまで労働時間制度について細かく説明をしてきましたが、実際にテレワークを導入するにあたり、どの労働時間制度を選択すべきか悩ましいという方もいらっしゃるかもしれません。

　そんな方は、次のフロー図に沿って、自社に合った労働時間制度を見つけてみてください。

【労働時間制度の選択フロー】

```
┌─────────────────────────────────────────────────────────────┐
│ 従業員が就いている業務は、裁量労働制の適用対象業務8ですか？      │
└─────────────────────────────────────────────────────────────┘
   ↓ YES                              ↓ NO
┌──────────────────────┐   ┌──────────────────────────────┐
│ 裁量労働制の適用を検討（対象業務│   │ 1日8時間又は1週40時間を超える │
│ 以外にも厳しい要件があるため注意）│   │ シフトで働かせる必要がありますか？│
└──────────────────────┘   └──────────────────────────────┘
                      YES ←    ↓ NO
┌──────────────────────┐   ┌──────────────────────────────┐
│ 変形労働時間制を適用       │   │ 働く環境は公私分離型・公私混同型  │
│                      │   │ のいずれですか？              │
└──────────────────────┘   └──────────────────────────────┘
            公私混同型 ←        ↓ 公私分離型
┌──────────────────────┐   ┌──────────────────────────────┐
│ 事業場外みなし労働時間制の適│   │ 所定労働日において、働く時間帯や │
│ 用を検討               │   │ 何時間働くかを従業員が柔軟に決定 │
│（テレワークガイドライン記載  │   │ できるようにしたいですか？       │
│ の要件に注意）           │   │                              │
└──────────────────────┘   └──────────────────────────────┘
            YES ←              ↓ NO
┌──────────────────────┐   ┌──────────────────────────────┐
│ フレックスタイム制を適用     │   │ 通常の労働時間制度を適用         │
└──────────────────────┘   └──────────────────────────────┘
```

8　専門業務型裁量労働制の対象業務は法定の19業務に限定されています（労働基準法第38条の3第1項第1号、同法施行規則第24条の2の2第2項）。企画業務型裁量労働制の対象業務は、事業の運営に関する事項についての企画、立案、調査及び分析の業務に限定されています（労働基準法第38条の4第1項第1号）。

06 テレワークの労働時間把握義務

テレワークでも労働時間の適正把握が必要

　労働基準法においては、労働時間、休日、深夜業等について規定を設けていることから、その前提として、使用者は、労働時間を適正に把握する義務を負うとされています。そして、この義務を果たすために使用者が講じるべき措置を具体的に示しているのが、厚生労働省の「労働時間の適正な把握のために使用者が講ずべき措置に関するガイドライン」（平成29年1月20日、以下、「労働時間ガイドライン」といいます。）です。

　労働者にテレワークをさせる場合にも、使用者は、労働時間ガイドラインに従い、労働者の労働時間を適正に把握しなければなりません。

管理監督者・みなし労働時間制適用者の労働時間把握

　労働時間ガイドラインが適用される労働者の範囲は、「労働基準法第41条に定める者及びみなし労働時間制が適用される労働者（事業場外労働を行う者にあっては、みなし労働時間制が適用される時間に限る。）を除く全ての者」とされています。「労働基準法第41条に定める者」とは管理監督者等を指し、「みなし労働時間制」とは裁量労働制と事業場外みなし労働時間制を指します。

　したがって、たとえば公私混同型の環境でテレワークを行う労働者について、事業場外みなし労働時間制を適用する場合、その労働者については労働時間ガイドラインが適用されず、労働基準法上の

労働時間の把握は不要ということになります。

　他方、「第41条に定める者及びみなし労働時間制が適用される労働者」についても、労働者の健康確保の観点から、労働安全衛生法上の労働時間の状況の把握義務が使用者には課せられているということには注意が必要です（労働安全衛生法第66条の８の３）。

　労働時間の状況の把握とは、労働者の健康確保措置を適切に実施する観点から、労働者がいかなる時間帯にどの程度の時間、労務を提供し得る状態にあったかを把握するものです[9]。

　労働基準法上の労働時間の把握義務は、賃金計算のために労働時間を細かく正確に把握する義務であるのに対し、労働安全衛生法上の労働時間の状況の把握義務は、医師による面接指導（労働安全衛生法第66条の８第１項、第66条の８の２第１項）が必要かどうかを判断するために労働者の状況を大枠で捉えるようなイメージです。

　事業場外みなし労働時間制を適用できるのは、そもそも労働時間を算定することが困難な場合であるため、そのような場合にどうやって労働時間の状況を把握するのか疑問に思う方もいらっしゃるでしょう。公私混同型の環境で働く労働者について事業場外みなし労働時間制を適用する場合の労働時間の状況の把握方法については、仕事とプライベートが混在する時間と、完全にプライベートのみになる時間の境目で上司に連絡を入れてもらうという方法が考えられます。

9　平成30年12月28日基発1228第16号

07 始業・終業時刻の確認方法

客観的な記録を基礎とした確認が原則

　労働時間ガイドラインが適用される場合、使用者は、労働時間を適正に把握するため、労働者の労働日ごとの始業・終業時刻を確認し、これを記録しなければなりません。

　労働時間ガイドラインによれば、始業・終業時刻の確認は以下の方法に則って行う必要があります。

【始業・終業時刻の確認方法】

（1）原則的な方法
- 使用者が、自ら現認することにより確認すること
- タイムカード、ＩＣカード、パソコンの使用時間の記録等の客観的な記録を基礎として確認し、適正に記録すること

（2）やむを得ず自己申告制で労働時間を把握する場合
①　自己申告を行う労働者や、労働時間を管理する者に対しても自己申告制の適正な運用等ガイドラインに基づく措置等について、十分な説明を行うこと
②　自己申告により把握した労働時間と、入退場記録やパソコンの使用時間等から把握した在社時間との間に著しい乖離がある場合には実態調査を実施し、所要の労働時間の補正をすること
③　使用者は労働者が自己申告できる時間数の上限を設ける等適正な自己申告を阻害する措置を設けてはならないこと。

さらに36協定の延長することができる時間数を超えて労働しているにもかかわらず、記録上これを守っているようにすることが、労働者等において慣習的に行われていないか確認すること

出典：厚生労働省「労働時間の適正な把握のために使用者が講ずべき措置に関するガイドライン」

🏠 テレワークにおける始業・終業時刻の確認方法

　では、テレワークの場合、この労働時間ガイドラインが定める始業・終業時刻の確認をどのように実現すればよいのでしょうか。

　厚生労働省の「テレワーク導入のための労務管理等Q&A集」（以下、「労務管理等Q&A集」といいます。）では、テレワーク時の始業・終業時刻の報告方法として、以下の4つの方法が挙げられています。メリット・デメリットとともに表にまとめますので、自社に合った報告方法を検討してみてください。

【テレワーク時の始業・終業時刻の報告方法】

方　法	メリット	デメリット
①電子メール	・使い慣れている ・業務連絡を同時に行いやすい ・複数人で同時に情報共有できる	・電子メールで確認した始業・終業時刻を別途帳簿に入力しなければならない
②電話	・使い慣れている ・口頭でのコミュニケーションの時間が取れる	・複数人で同時に情報共有できない ・発着信記録や通話内容を毎回保存しない限り、客観的記録が残らない ・電話で確認した始業・終業時刻を別途帳簿に入力しなければならない

③勤怠管理ツール	・始業・終業時刻を別途帳簿に入力する必要がない ・複数人で同時に情報共有できる	・導入コストがかかる ・ツールへの慣れが必要
④業務中に常時通信可能な状態にする	・労働者側から個別に報告する必要がない	・使用者側で1人ひとりの労働者の在席状況を逐一確認しなければならない。

🏠 4つの方法のいずれを選択するか

　上記の4つの方法のうち、多くの企業では①又は③の方法をとっているでしょう。実際のところ、②と④は使用者側のデメリットが大きいため、おすすめできません。

　では、①又は③の方法をとる場合、労働時間ガイドラインが原則的な始業・終業時刻の確認方法として定める「客観的な記録を基礎として確認」する方法と、例外的な自己申告制のいずれに該当するのでしょうか。

　労働時間ガイドライン上、自己申告制をとる場合には実態調査等の様々な義務が使用者に課せられており、労働基準監督署が臨検監督に入った場合には労働時間ガイドラインに従って労働時間を把握しているかが確認されますので、とても重要な問題です。

🏠 電子メールによる始業・終業時刻の確認

　まず、①電子メールで始業・終業時刻を確認する場合、その方法としては、電子メールが送受信された時刻そのものを始業・終業時刻とする方法（方法1）と、電子メールの本文中に労働者が始業・終業時刻を明記する方法（方法2）が考えられます。

　たとえば、労働者Xさんが8時45分に「これから勤務を開始しま

す。」というメールを上司に送信し、上司がそのメールを受信した8時45分をXさんの始業時刻として記録する場合は方法1に当たります。他方、労働者Yさんが8時45分に「本日は9時から勤務を開始します。」というメールを上司に送信し、上司がそのメールをふまえてYさんの始業時刻を9時と記録する場合は方法2に当たります。

　方法1は、労働時間ガイドラインが原則的な始業・終業時刻の確認方法として定める「客観的な記録を基礎として確認」する場合に該当します。

　他方、方法2は、労働時間ガイドライン上の自己申告制に該当します。したがってこの場合には、労働者や労働時間管理者への説明、実態調査に基づく労働時間の補正等の措置をとらなければならないことになります。

【電子メールで始業・終業時刻を確認する場合】

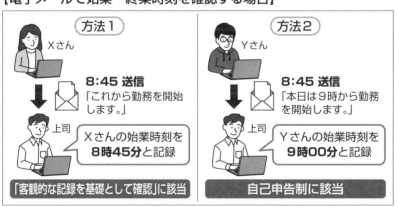

勤怠管理ツールによる始業・終業時刻の確認

　次に、③勤怠管理ツールで始業・終業時刻を確認する場合について考えてみましょう。

世に出回っている勤怠管理ツールには様々な仕様のものがありますが、大きく以下の2種類に分けられます。

> ● ツール上で始業・終業のボタンをクリックした時刻そのものを自動的に始業・終業時刻として記録するもの（ツール1）
> ● ツール上で労働者が始業・終業時刻を任意に入力するもの（ツール2）

たとえば、労働者Xさんが8時45分に勤怠管理ツールにログインして始業ボタンをクリックしたとき、ツール内で自動的に8時45分をXさんの始業時刻として記録する場合はツール1に当たります。他方、労働者Yさんが勤怠管理ツールにログイン後、勤怠管理ツールの始業時刻入力欄に自分で「8：45」と入力し、それがYさんの始業時刻として記録される場合にはツール2に当たります。

ツール1は、方法1と同様、労働時間ガイドラインが原則的な始業・終業時刻の確認方法として定める「客観的な記録を基礎として確認し、適正に記録」する場合に該当します。

【勤怠管理ツールで始業・終業時刻を確認する場合】

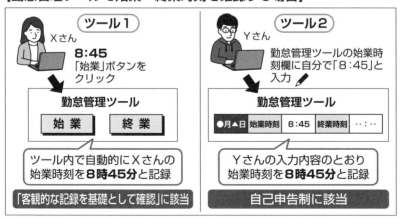

他方、ツール２は、方法２と同様、労働時間ガイドライン上の自己申告制に該当するため、実態調査等の措置が必要になります。なお、実態調査の方法としては、PCのログや、仕事のメール等の送信記録などと照合するのが一般的です。

08
テレワークにおける
休憩時間の与え方

🏠 休憩を与える時間帯を柔軟にしたい場合には

　労働基準法第34条に定める休憩時間[10]は、特定業種[11]を除き原則
として同じ時間帯に一斉に付与しなければなりません（一斉休憩の
原則）。テレワークを行う労働者について、休憩時間を各人の都合
に合わせて柔軟な時間帯に付与したい場合には、事前にその旨を就
業規則に規定したうえで、労使協定を締結する必要があります（労
働基準法第89条第1号、同法第34条第2項）。

　まずは、自社の就業規則本体にある休憩の条項を確認してくださ
い。そこに一斉休憩の原則の適用除外に関する規定はありますか。
もし規定がない場合には、テレワーク勤務規程のなかに一斉休憩の
原則の適用除外に関する規定を盛り込む必要があります。その場合
の規定方法は、テレワーク勤務規程例第8条第1項（159頁参照）
をご覧ください。

　次に、自社でこれまで締結済みの労使協定を確認してください。

　そのなかに、一斉休憩の原則の適用除外に関する労使協定はあり
ますか。あるとして、その労使協定の内容は、テレワーク勤務者を
対象に含み、かつテレワーク時の休憩の取得方法を適切に定めたも

10　労働基準法第34条に定める休憩時間とは、労働時間が6時間を超える場合にお
　いては少なくとも45分、8時間を超える場合には少なくとも1時間の休憩時間を労
　働時間の途中に与えるというものです。

11　運輸交通業、商業、金融広告業、映画・演劇業、通信業、保健衛生業、接客娯
　楽業、官公署の事業については、休憩時間を一斉に与えなくて良いとされています
　（労働基準法施行規則第31条）。

のになっていますか。

　いずれかの質問の答えがNOである場合には、新たに労働者代表との間で労使協定を締結する必要があります。

🏠 一斉休憩の原則の適用除外に関する労使協定

　労使協定をどのような内容にするかは、テレワーク時の休憩をどのように付与したいかという会社の考え方次第です。たとえば、所定の休憩時間のうち30分は昼の時間帯に取得し、残りの休憩時間は好きな時間帯に複数回に分割して取得して良いことにする場合には、次のような労使協定を締結すると良いでしょう。

【一斉休憩の原則の適用除外に関する労使協定書例】

一斉休憩の原則の適用除外に関する労使協定書

　株式会社○○（以下、「会社」という。）と従業員代表○○は、休憩時間について以下のとおり協定する。

第1条　会社の従業員がテレワークを行う場合には、各従業員に付与された休憩時間を次の各号に従い取得させるものとし、一斉休憩を付与しない。

① 　休憩時間のうち30分は、11時30分から13時30分までの間に連続して取得するものとする。

② 　休憩時間のうち前号の30分を除いた時間は、各従業員の判断により、労働時間の途中の任意の時間帯に取得するものとする。なお、当該休憩時間を任意の回数に分割して取得することも可能とする。

第2条　従業員は休憩開始前に、休憩開始予定時刻及び休憩分数を会社所定の方法で連絡しなければならない。

第3条　本協定は、○年○月○日から効力を発する。

　　　○年○月○日

　　　　　使用者　　　　株式会社○○
　　　　　　　　　　　　代表取締役　　○○○○　　（印）

　　　　　従業員代表　　株式会社○○
　　　　　　　　　　　　　　　　　　○○○○　　（印）

🏠 休憩開始前の連絡が実務では重要

　労使協定書例の第2条は、必ず盛り込まなければならないものではないのですが、実務上は非常に重要な規定です。

　テレワークの場合、目の前に労働者がいるわけではないので在席確認が難しい、ということがよく言われます。そのようなテレワークにおいて、一斉休憩の原則の適用を除外し、休憩時間を柔軟に取得することを可能にすると、休憩中なのかどうかが非常にわかりづらくなります。

　そこで重要となるのが、休憩開始前の連絡方法について事前にしっかりとルールを決めておくことです。たとえば、社内のコミュニケーションにチャットツールを使用している場合には、休憩に入る前にチャット上で「これから休憩に入ります。○時○分頃に戻ります。」といったメッセージを送ることなどが考えられます。

　また、休憩時間を分割して取得できるようにすると、各労働者が法定の休憩時間をとれているかどうかの確認はより複雑になります。たとえば、労働者Xさんが休憩時間を1日3回に分けて取得した場合、その3回の休憩時間を合計して1日の総休憩時間を算出するという手間が発生するからです。したがって、休憩時間の分割取得ま

84

で認める場合には、自動的に休憩時間を集計してくれる機能のある勤怠管理ツールを導入したほうが良いでしょう。

　ツールによっては、単に休憩時間を集計するだけでなく、各従業員が何時何分から休憩を開始し、何分間休憩をとる予定なのかを一覧で確認できるものもあります。このようなツールを導入すれば、テレワーク時に休憩時間を柔軟に取得可能としても、問題なくマネジメントを行うことができます。

【勤怠管理ツールによる休憩確認の例】

スタッフ	勤務地	作業	開始時刻	作業時間
石川 次郎	本社	打ち合わせ	08:56	1h19m
大野 太郎	本社	来客対応	08:55	1h20m
佐藤 則夫	自宅	休憩（15分）	10:13	02m
鈴木 四郎	自宅	見積書作成	10:14	01m
田中 夏子	サテライトオフィス	システム開発	10:10	05m
山本 三郎	サテライトオフィス	休憩（40分）	10:15	00m

出典：クラウドシステム「Log＋」

🏠 休憩時間を追加で付与する場合には労使協定の締結は不要

　なお、一斉付与の原則の適用を受けるのは、労働基準法第34条に定める休憩時間についてであり、労使の合意により、この時間を超える休憩時間を追加で付与する場合には、労使協定の締結は不要です。たとえば、テレワーク時において、12時から13時までの1時間の休憩とは別に休憩を追加で取得することを認める場合には、一斉休憩の原則の適用除外に関する労使協定を締結しなくて良いのです。ただし、この場合にも、追加の休憩をどのようなルールで取得できるのかについて、テレワーク勤務規程に明記する必要があります（規定方法についてはテレワーク勤務規程例第8条第2項〈160頁以降〉参照）。

09 中抜け時間の取扱い

🏠 中抜け時間はどのように取り扱えばよいか

　テレワーク中の労働者が所定の就業時間中に私用で中抜けをする場合、その時間はどのように取り扱えばよいのでしょうか。

　テレワークガイドラインでは、中抜け時間について、使用者が業務の指示をしないこととし、労働者が労働から離れ、自由に利用することが保障されているときには、中抜け時間は労働時間に該当せず、休憩時間や時間単位の年次有給休暇として取り扱うことが可能であるとされています。

🏠 中抜け時間を休憩時間として取り扱う場合

　中抜け時間を休憩時間として取り扱う場合には、まず最初に、一斉休憩の原則の適用除外が必要なケースかどうかを確認してください。この点については、本章第2項及び前項で触れましたので、ここでは説明を割愛します。

　次に、中抜け休憩を取得した際に、賃金をどのように清算するかについて考えてみましょう。

　所定の休憩時間を分割して中抜け休憩を取得する場合には、特に清算の必要はありません。

　他方、所定の休憩時間とは別に追加で中抜け休憩を取得する場合には、適用している労働時間制度ごとに清算方法を検討する必要があります。各労働時間制度における清算方法は次頁の表のとおりです。

労働時間制度	清算方法
通常の労働時間制度	次のいずれかの方法で清算します。 ①中抜け時間分だけ、同一労働日の始業時刻を繰り上げ、又は終業時刻を繰り下げる ②中抜け時間分だけ賃金を控除する
変形労働時間制	※①の方法をとる場合、始業や終業の時刻の変更を行う旨を就業規則に明記しておかなければなりません（詳細は58頁以降を参照）。
フレックスタイム制	中抜け時間分を同一清算期間の別の日に働けば足ります（詳細は63頁以降を参照）。
裁量労働制	中抜けをしたとしても一定の労働時間働いたものとみなされるため、特に清算の必要はありません。
事業場外みなし労働時間制	

🏠 中抜け時間を時間単位の年次有給休暇として取り扱う場合

　みなし労働時間制（裁量労働制・事業場外みなし労働時間制）以外の労働時間制度を適用しているケースでは、中抜け時間について時間単位の年次有給休暇（以下、「時間単位年休」といいます。）を取得したいというニーズもあるでしょう。

　時間単位年休の取得を可能にするには、年次有給休暇を時間単位で付与することについて事前に労使間で労使協定を締結する必要があります（労働基準法第39条第4項）。当該労使協定には、以下の内容を規定しなければなりません。

---

①　時間単位年休の対象労働者の範囲

②　時間単位年休の日数

③　時間単位年休1日の時間数

④　1時間以外の時間を単位とする場合はその時間数

また、休暇は就業規則の絶対的必要記載事項であるため、時間単位年休の取得が可能であることについて就業規則に明記しなければなりません（労働基準法第89条第1号）。

　なお、時間単位年休については、1年度あたり5日分の時間数が取得の限度となること、分単位など時間未満の単位では取得できないこと、使用者が年次有給休暇の時季を指定すべき日数から控除することができない[12]ことに特に注意が必要です。

【時間単位年休に関する就業規則の規定例】

第○条（年次有給休暇の時間単位での付与）
1　従業員は、労使協定に基づき、前年度からの繰越分を含めて1年度に5日以内の限度において、時間単位での年次有給休暇の取得を会社に対し請求することができる。なお、1時間未満の単位での取得を請求することはできない。
2　前項の場合において、1日分の年次有給休暇は、各従業員について個別の雇用契約書で定める所定労働時間数（日によって所定労働時間数が異なる場合は、1年間における1日平均所定労働時間数）分の時間単位年休に相当するものとする。ただし、当該所定労働時間数について、時間に満たない端数がある場合は時間単位に切り上げるものとする。

12　年10日以上の年次有給休暇が付与される労働者（管理監督者を含む）に対して、年次有給休暇の日数のうち年5日については、使用者が時季を指定して取得させなければなりません（労働基準法第39条第7項）。労働者が自ら1日単位又は半日単位の年次有給休暇を取得した日数は、この年5日から控除することができます。

【時間単位年休に関する労使協定書例】

時間単位の年次有給休暇に関する労使協定書

　株式会社○○（以下、「会社」という。）と従業員代表○○は、時間単位の年次有給休暇（以下、「時間単位年休」という。）について以下のとおり協定する。

第1条（対象者）
　すべての従業員を対象とする。

第2条（日数の上限）
　時間単位年休を取得することができる日数は、前年度からの繰越分を含めて1年度に5日以内とする。

第3条（1日分の年次有給休暇に相当する時間単位年休）
　時間単位年休を取得する場合の、1日分の年次有給休暇に相当する時間数は、各従業員について個別の雇用契約書で定める所定労働時間数（日によって所定労働時間数が異なる場合は、1年間における1日平均所定労働時間数）のとおりとする。ただし、当該所定労働時間数について、時間に満たない端数がある場合は時間単位に切り上げるものとする。

第4条（時間単位年休の取得単位）
　時間単位年休は、1時間単位で取得するものとする。

第5条　本協定は、○年○月○日から効力を発する。

　　　　　○年○月○日

　　　　　　　使用者　　　　株式会社○○
　　　　　　　　　　　　　　代表取締役　○○○○　（印）

　　　　　　　従業員代表　　株式会社○○
　　　　　　　　　　　　　　　　　　　○○○○　（印）

10 労働時間にまつわる その他の問題点

🏠 テレワーク中の移動時間は労働時間に当たるか

　午前中は在宅勤務し午後からオフィスに出勤する場合など、勤務時間の一部でテレワークを行う場合があります。この場合、就業場所間の移動時間はどのように取り扱えばよいのでしょうか。

　テレワークガイドラインでは、この移動時間が労働時間に当たるかどうかは、使用者の指揮命令下に置かれている時間であるか否かにより、個別具体的に判断すべきとされています。

　使用者が移動することを労働者に命じることなく、単に労働者自らの都合により就業場所間を移動し、その自由利用が保障されている時間については、原則として休憩時間として取り扱うことが可能です。たとえば、在宅勤務中の労働者Xさんが、オンライン参加も可能な午後の社内会議に、「たまには同僚と直接会って話したい」と考えて出社して参加するような場合には、自宅からオフィスまでの移動時間は休憩時間として取り扱って良いでしょう[13]。ただし、その場合であっても、使用者の指示を受けてモバイル勤務等に従事した場合には、その時間は労働時間に該当します。たとえば、先ほどの労働者Xさんが、自宅からオフィスまで移動する電車の中で、上司から依頼された業務を行った場合には、その時間は労働時間と

13　始業から終業までの時間は、働いている時間（労働時間）または休んでいる時間（休憩時間）のいずれかに分けられます。休憩時間に当たる場合には、就業規則等に特段の規定がない限り、ノーワーク・ノーペイの原則により賃金の支払いは不要です。

して取り扱わなければなりません。

　一方で、使用者が労働者に対し業務に従事するために必要な就業場所間の移動を命じており、その間の自由利用が保障されていない場合の移動時間は、労働時間に該当します。たとえば、テレワーク中の労働者Ｙさんに対して、上司が会議等の具体的な業務のために急きょ至急の出社を求めたような場合は、当該移動時間は労働時間に当たります。

テレワーク時における遅刻・早退の取扱い

　通常の労働時間制度や変形労働時間制を適用する場合、およびコアタイム有りのフレックスタイム制を適用する場合[14]には、遅刻・早退の問題が発生する可能性があります。

　遅刻・早退をした場合に、賃金をどうするかや、どのような制裁を科すかについては、労働基準法や労働契約法等の法令に違反しない範囲内で、自社の就業規則のルールに基づいて取り扱うことになります。

　就業規則上、特にテレワーク勤務者を対象から外していない限り、そのルールはテレワーク勤務者にも適用されることになります。

14　コアタイムは必ず勤務しなければならない時間帯であるため、コアタイムについては遅刻・早退の問題が発生する可能性があります。コアタイムの遅刻・早退については、清算期間の総労働時間を満たしている限り賃金控除はできませんのでご注意ください。

11 テレワーク中の労働災害と安全配慮義務

テレワークと労働災害

　テレワークを行う労働者についても、業務災害又は通勤災害が発生した場合には、労働者災害補償保険法に基づき労災保険の給付を受けることができます。

　業務災害とは、業務上の事由による労働者の負傷、疾病、障害又は死亡（以下、「傷病等」といいます。）をいいます。業務災害と認められるためには、業務と傷病等との間に一定の因果関係があることが必要です。したがって、労働者の私的行為又は業務を逸脱する恣意的行為等、業務以外が原因で発生した傷病等は業務災害とは認められません。

　通勤災害とは、労働者が通勤により被った傷病等をいい、サテライトオフィス勤務やモバイル勤務では、通勤災害が発生する場合も考えられます。

　なお、具体的にテレワークで業務災害が認定されたケースとしては、以下のような事例があります。

【テレワークにおける労災認定事例】

> 　自宅で所定労働時間にパソコン業務を行っていたが、トイレに行くため作業場所を離席した後、作業場所に戻り椅子に座ろうとして転倒した事案。
>
> 　これは、業務行為に付随する行為に起因して災害が発生しており、私的行為によるものとも認められないため、業務災害と

認められる。

出典：厚生労働省「テレワーク導入のための労務管理等Q&A集」

使用者が抱える労災民訴のリスク

　ここで気を付けなければならないのは、労災保険の給付は、精神的損害（慰謝料）をカバーするものではなく、また、給付額も現実の損害の大きさにかかわらず定型的に定められているため、労働者が被った損害をすべて補償するものではないという点です。

　被災労働者は、労災保険給付で補償されない損害について、使用者に対して民事訴訟（いわゆる労災民訴）により損害賠償請求を行うことが可能です。その際には、使用者の安全配慮義務（労働契約法第5条）の不履行に基づく損害賠償請求（民法第415条）の法的構成をとるのが通常です。

　そこで、使用者としては、このような労災民訴に備え、日頃から安全配慮義務を尽くしていたと言えるような労務管理を行う必要があります。

テレワーク勤務者への安全配慮義務

　それでは、テレワーク勤務者に対して使用者が尽くすべき安全配慮義務の内容は、一体どのようなものなのでしょうか。

　使用者は、テレワーク勤務者についても、労働安全衛生法等の関係法令に基づき、過重労働対策やメンタルヘルス対策を含む健康確保のための措置を講じる義務を負っています。

　そのなかでも特に重要なのが、法定の健康診断、ストレスチェック、長時間労働者に対する医師による面接指導の実施とその結果を受けた措置です。

　具体的には、使用者は、テレワーク勤務者についても、法定の健

康診断やストレスチェック[15]を定期的に実施し、その結果に基づき、労働時間の短縮、就業場所の変更、作業の転換、深夜業の回数の減少等（以下、「労働時間の短縮等」といいます。）の必要な措置を講じなければなりません（労働安全衛生法第66条〜第66条の7、第66条の10）。

また、使用者が労働時間の状況の把握（75頁参照）を行った結果、1週間あたり40時間を超えて労働した時間（以下、「時間外・休日労働時間」といいます。）が月80時間を超えている労働者について、労働者本人に疲労蓄積があり本人が申し出た場合には、使用者はその労働者に対して医師による面接指導を実施し[16]、その結果を受けて労働時間の短縮等の必要な措置を講じなければなりません（労働安全衛生法第66条の8）。

それでは、使用者がこれらの措置を講じることと、安全配慮義務を尽くすことはどのような関係にあるのでしょうか。

この点について、労働安全衛生法、労働安全衛生規則等の規定は「行政的な取締規定であって、そこに定める義務は、使用者の国に対する公法上の義務と解されるが、これらの規定の究極目的は労働者の安全と健康の確保にあるというべきであるから、その規定する内容は、私法上の安全配慮義務の内容ともなり、その最低限の基準となると解するのが相当である。」とする裁判例があります（喜楽鉱業（有機溶剤中毒死）事件・大阪地判平成16年3月22日・労判883号58頁）。

したがって、使用者として安全配慮義務を尽くしたというために

15　常時50人以上の労働者を使用する事業場では、1年以内ごとに1回ストレスチェックを実施しなければなりません。

16　時間外労働の上限規制の適用が除外されている研究開発業務従事者については、時間外・休日労働時間が月100時間超の場合には、労働者本人からの申し出がなくとも医師による面接指導を実施しなければなりません（労働安全衛生法第66条の8の2）。

は、まず最低限、労働安全衛生法等によって使用者に義務付けられている前述のような措置を講じなければならない、ということになります。

　他方で、安全配慮義務の具体的内容は、安全配慮義務が問題となる具体的状況に応じて様々に異なるものであり、使用者としては労働安全衛生法等で義務付けられている措置さえ講じていればすべての安全配慮義務を尽くしているということはできません[17]。

　そこで、テレワークで特に問題となりやすい事項について、使用者が安全配慮義務を尽くしたというためにどのような対策を講じれば良いかについて、次項以降で検討していきたいと思います。

17　松村組事件（大阪地判昭和56年5月25日・判タ449号153頁）では、事故後に労働基準監督署の調査で何ら法違反がないと言われたという使用者の主張に対し、「労働基準監督署が法令上違反の点はないとしていることも（略）、前記安全配慮義務の存在を否定する理由にはならない。けだし、労働基準監督署は労働安全衛生法、同規則等の法令に照らし法違反の有無を検するものであるところ、右法律等は使用者が労働者に対する危険防止のためにとるべき一般的な措置を定めその実施を行政的監督に服させる趣旨のものであり、その規定するところは使用者の労働者に対する私法上の安全配慮義務の内容を定める基準となり得るものではあるが、具体状況に応じて定められるべき右安全配慮義務の内容のすべてを規定するものではないと考えられるからである。」と判示しています。

12 長時間労働を防ぐには

🏠 テレワークにおける長時間労働のリスクは無視できない

　オフィスで働く場合、遅くまで残業していると、上司や同僚から「今日はそのくらいで終わりにして、そろそろ帰ったら？」と声がかかるという場面は少なくないでしょう。それがテレワークになると、残業しているかどうかが周りから見えづらくなるため、このような声掛けが困難になるケースが多いようです。

　また、在宅勤務の場合には仕事とプライベートの拠点が同じ場所になるため、オンオフの切り替えが上手くいかず、ついダラダラと残業してしまうという声も多く聞かれます。

　実際に、独立行政法人労働政策研究・研修機構による労働者調査では、テレワークのデメリットに関する回答の第2位が「長時間労働になりやすい」こと（21.1％）であり、テレワークにおける長時間労働のリスクは無視できません。

【テレワークのデメリットについての労働者調査結果】

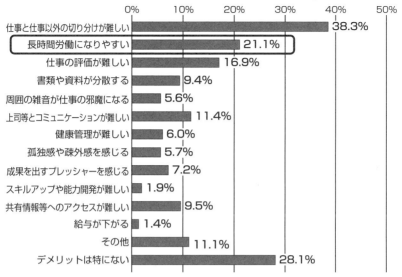

- 仕事と仕事以外の切り分けが難しい **38.3%**
- 長時間労働になりやすい **21.1%**
- 仕事の評価が難しい **16.9%**
- 書類や資料が分散する **9.4%**
- 周囲の雑音が仕事の邪魔になる **5.6%**
- 上司等とコミュニケーションが難しい **11.4%**
- 健康管理が難しい **6.0%**
- 孤独感や疎外感を感じる **5.7%**
- 成果を出すプレッシャーを感じる **7.2%**
- スキルアップや能力開発が難しい **1.9%**
- 共有情報等へのアクセスが難しい **9.5%**
- 給与が下がる **1.4%**
- その他 **11.1%**
- デメリットは特にない **28.1%**

出典：独立行政法人労働政策研究・研修機構「情報通信機器を利用した多様な働き方の実態に関する調査結果」平成27年5月

🏠 長時間労働を防ぐための具体的手法

　テレワークガイドラインでは、テレワークにおける長時間労働を防ぐための手法として、以下の4つが挙げられています。

---

　① 　メール送付の抑制

　　テレワークにおいて長時間労働が生じる要因として、時間外、休日又は深夜に業務に係る指示や報告がメール送付されることが挙げられる。そのため、役職者等から時間外、休日又は深夜におけるメールを送付することの自粛を命ずること等が有効である。

　② 　システムへのアクセス制限

　　テレワークを行う際に、企業等の社内システムに外部のパソコン等からアクセスする形態をとる場合が多いが、深夜・休日

はアクセスできないよう設定することで長時間労働を防ぐことが有効である。

③　テレワークを行う際の時間外・休日・深夜労働の原則禁止等

　業務の効率化やワークライフバランスの実現の観点からテレワークの制度を導入する場合、その趣旨を踏まえ、時間外・休日・深夜労働を原則禁止とすることも有効である。この場合、テレワークを行う労働者に、テレワークの趣旨を十分理解させるとともに、テレワークを行う労働者に対する時間外・休日・深夜労働の原則禁止や使用者等による許可制とすること等を、就業規則等に明記しておくことや、時間外・休日労働に関する三六協定の締結の仕方を工夫することが有効である。

④　長時間労働等を行う労働者への注意喚起

　テレワークにより長時間労働が生じるおそれのある労働者や、休日・深夜労働が生じた労働者に対して、注意喚起を行うことが有効である。具体的には、管理者が労働時間の記録を踏まえて行う方法や、労務管理のシステムを活用して対象者に自動で警告を表示するような方法がある。

出典：厚生労働省「情報通信技術を利用した事業場外勤務の適切な導入及び実施のためのガイドライン」

　裁判所が安全配慮義務の内容を判断するにあたっては、このようなガイドラインの内容を考慮に入れることが多いため、①～④の手法のうち、とれるものはすべてとっておいたほうが良いでしょう。

　ここで①と④の手法について、実務的な視点から、少し考察を加えたいと思います。

🏠 メール送付の抑制には予約送信機能が有効

　まず、①メール送付の抑制は、たしかに効果的です。著者が労務監査を行った某企業では、社内でのやり取りにチャットツールを使用していました。その会社では、上司が退勤後の部下に対してチャットで業務に関するメッセージを送り、それに対して退勤したはず

の部下がメッセージを返すという事態が頻繁に発生していました。テレワークガイドラインにあるとおり、時間外・休日にはメッセージを送付しないというルールにしておけば、このような事態は防ぐことができるでしょう。

　しかしながら、上司の立場からすると、①のルールを守ることは実務上困難を伴います。たとえば、前述の会社のようにチャットツールを使って社内の業務連絡をしている会社において、部下が就業している時間帯にしかメッセージを送ってはならない、というルールにしてしまうと、上司としては業務に関して部下に何か伝えたいことがあるときに、その内容を次にその部下が出勤する時まで覚えておき、部下が出勤してからメッセージを送らないといけないことになります。このような運用はかなり面倒ですし、重要な指示を部下に伝え忘れてしまうリスクもあります。

　この問題を解決する方法は2つ考えられます。

　1つ目は、メッセージを送る時刻を予約できるツールを業務連絡に使用する方法です。一部の電子メールやチャットツールには、予約送信や予約投稿の機能が搭載されています。退勤後の労働者に対して業務連絡のメッセージを送る際には、その労働者の次の出勤日の勤務時間帯に送信されるように予約設定しなければならないというルールとすれば、上記の問題は完全に解決できます。

　現在の業務連絡体制によっては、1つ目の策がとれないということもあるでしょう。その場合には、2つ目の策として、勤務時間外には業務連絡に使用しているツールの通知をオフにして内容を確認しないこと、仮に内容を見てしまったとしても返信は次に出勤した際に行うこと、といった社内ルールを作り、会社全体にしっかりと周知するという方法をとると良いでしょう。労働者としても、会社のトップからそのようなお墨付きをもらえれば、勤務時間外には業務連絡のことは気にせず安心してプライベートを楽しむことができ

【予約送信機能を活用しましょう！】

出典：Gmailの送信日時設定画面を参考に作成

ます。

🏠 労働者への注意喚起の具体的手法

　次に、④長時間労働等を行う労働者への注意喚起の手法について、具体的に検討してみましょう。

　在宅勤務の場合、通勤時間や終電時刻などを気にする必要がないため、つい仕事にのめりこんで長時間労働になってしまったという話をよく耳にします。このような事態を防ぐためには、長時間労働をした後に注意するよりも、長時間労働になりそうなときにリアルタイムに注意をするほうが効果的です。オフィスに出社している場合に、遅くまで残っている部下や同僚に対して「今日はそのくらいで終わりにして、そろそろ帰ったら？」と声を掛けるのと同じイメージです。

　このリアルタイムな注意喚起を実現する方法は２つ考えられます。

　１つ目は、**所定労働日において毎日一定時刻に注意喚起をする方法**です。たとえば、20時の時点でまだ終業報告がない部下に対して上司が連絡を入れることや、労働者自身が20時に時計のアラームが鳴るように設定しておくという方法です。

通常の労働時間制度や変形労働時間制をとり、所定の休憩時間以外に中抜け休憩は認めない、という場合には、1つ目の方法でも事足りるでしょう。

他方、所定の休憩時間以外に中抜け休憩をとることを認める場合や、フレックスタイム制をとる場合には、ある一定時刻において労働者が何時間働いているかは、日によって異なることになります。たとえば、9時に始業した労働者が1時間の昼休憩のほかに2時間の中抜け休憩をとった場合、その日の20時の時点では労働時間は8時間ということになるため、その時点で長時間労働の注意喚起をするのは適切ではないことになります。

そこで、このような場合には、2つ目の方法として各労働者の1日の労働時間（始業時刻から現在までのうち休憩時間を除く時間）をリアルタイムに計測し、**労働時間が一定時間を超えたタイミングで、上司と本人に対して自動的に通知を送る機能が搭載されている勤怠管理システムを利用**したほうが良いでしょう。

【勤怠管理システムの通知機能を利用した注意喚起】

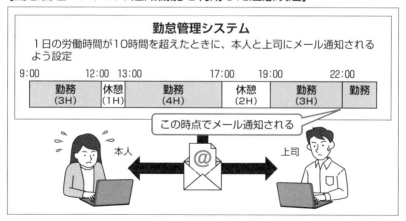

13 テレワークの作業環境整備

🏠 作業環境整備のポイント

　テレワークのうち、もともと仕事場として利用することを想定していなかった自宅等で長時間働くことになる在宅勤務では、作業環境が整っていないことがよく問題になります。

　この点について、テレワークガイドラインでは、「テレワークを行う作業場が、自宅等の事業者が業務のために提供している作業場以外である場合には、事務所衛生基準規則（昭和47年労働省令第43号）、労働安全衛生規則及び『情報機器作業における労働衛生管理のためのガイドライン』（令和元年7月12日基発0712第3号）の衛生基準と同等の作業環境となるよう、テレワークを行う労働者に助言等を行うことが望ましい」とされています。

　これを受けて、厚生労働省は、自宅等でテレワークを行う際の作業環境整備のポイント（以下、「作業環境整備のポイント」といいます。）をパンフレット等にまとめています。

🏠 チェックシートで各自の作業環境を確認する

　裁判所が安全配慮義務の内容を判断するにあたっては、作業環境整備のポイントについても考慮されるものと想定されます。

　そこで、使用者としては、労働者のテレワークを許可するかどうかを決めるための判断材料として、作業環境整備のポイントをふまえて作成した次頁のようなチェックシートを労働者から提出させるという運用をとったほうが良いでしょう。

【作業環境チェックシート例】

あなたが勤務する部屋の作業環境について、該当項目にチェックを入れてください。

空間の広さ	☐ 設備の占める容積を除き、10㎡以上の空間がある
窓	☐ 窓などの換気設備がある ☐ 窓にブラインドやカーテンが設置されている 　（※ディスプレイに太陽光が入射する場合は要設置）
椅子	☐ 脚にキャスターが付いている ☐ 安定していてぐらつかない ☐ 座面の高さを調整できる ☐ 背もたれの傾きを調整できる ☐ 肘掛けがある
机	☐ 必要なものが配置できる広さがある ☐ 作業中に足が窮屈でない空間がある ☐ 体型に合った高さである、又は高さの調整ができる
使用するPC等	☐ PCに接続可能なモニターが用意されている ☐ PCやモニターの画面の照度を500ルクス以下となるよう設定している ☐ PCやモニターの画面の輝度やコントラストを調整できる ☐ 操作に不都合のないマウスが用意されている
照明	☐ 机上の照度は300ルクス以上である
室温・湿度	☐ エアコン等を設置しており、室温を17℃～28℃に保つことができる ☐ エアコン等の風は直接、継続して自分自身に当たらないように設定できる ☐ エアコンや加湿器等を設置しており、部屋の湿度を40%～70%に保つことができる
騒音	☐ 業務に支障をきたすような騒音がない
注意事項	☐ 椅子に深く腰かけ背もたれに背を十分にあて、足裏全体が床に接した姿勢で作業する ☐ PCやモニターの画面とおおむね40cm以上の視距離を確保する ☐ 1時間に1回程度，少し外の景色を眺めたり立ち上がってストレッチをする等、眼精疲労や肩こり・腰痛等を予防するよう努める

出典：厚生労働省「テレワークにおける適切な労務管理のためのガイドライン～情報通信技術を利用した事業場外勤務の適切な導入及び実施のためのガイドライン～パンフレット(詳細版)」（令和元年9月）を参考に著者作成

🏠 作業環境が整っていない場合には

　これらのチェック項目のうち、仕事に適した机や椅子が自宅等にないという問題が発生することが多いようです。そのような労働者について、そのまま在宅勤務を許可してしまうと、仮に腰痛などの労働災害が発生した場合には、使用者が安全配慮義務を尽くしていなかったと裁判所から判断されかねません。

　仕事に適した机や椅子が自宅等にないのであれば在宅勤務を許可しない、という運用も１つの手ではあります。しかしながら、感染症対策などのために在宅勤務を社内に普及させたいという場合には、使用者側から何らかのアプローチをとる必要があります。

　企業でよくとられているアプローチ方法は２つあります。

　１つ目は、仕事に適した机や椅子を使用者が購入し、労働者に貸与する方法です。そして２つ目は、在宅勤務を予定する労働者全員に対して、在宅勤務に必要な物の購入費用として、一定額の臨時手当を支給する方法です。それぞれの方法の詳細については、129頁以降で詳しく解説します。

コラム　照度はどのように計測する？

　「ディスプレイは照度500ルクス以下」、「机上の照度は300ルクス以上」とありますが、この照度はどのように計測すればよいのでしょうか。

　スマートフォンで照度を計測できる無料のアプリもあるようですが、計測の正確性が担保できないことと、課金ボタンを誤って押しやすい位置に設置している悪質なアプリもあることから、あまりおすすめできません。

　簡易照度計であればインターネット通販で千円程度で購入できますので、会社で用意しておき、テレワーク勤務許可申請をする際に、従業員に持ち帰って計測してもらうという方法をとるのが良いでしょう。

14 テレワーク勤務者の メンタルヘルス対策

🏠 「いつもとの違い」がメンタルヘルス不調の早期発見の鍵

　厚生労働省・独立行政法人労働者健康安全機構の「職場における心の健康づくり〜労働者の心の健康の保持増進のための指針〜」(平成31年。以下、「メンタルヘルスガイドライン」といいます。) には、次のような記述があります。

【メンタルヘルスガイドライン抜粋】

> ●早期に対応することで、メンタルヘルス不調を深刻化させない
>
> 　労働者がメンタルヘルス不調となり、十分に働けなくなる状況となると本人にとってもつらいばかりか、職場にとっても大きな損失となります。ストレスが高まるとうつ病などの疾病につながって、休職することになったり、さらに自殺のリスクが高まることもあります。そのような深刻な事態となる前に、早期に気付き、専門家につなぐことが何より大切です。
>
> 　上司が部下の「いつもとの違い」に注意をはらい、労働時間管理など職場の環境調整に留意するとともに、必要に応じて、セルフチェックの実施を促し相談対応をしたり、問題が感じられた場合には、専門家へつなぐ等適切な対応が行われるようにしましょう。

　テレワークでは、上司が部下の姿や行動を観察することが困難であるため、上司が部下の「いつもとの違い」に気付きづらくなるこ

とが漠然と懸念されます。

　それでは、この「いつもとの違い」とは、具体的にどのようなことを指すのでしょうか。

　メンタルヘルスガイドラインでは、「部下がそれまでに示してきた行動様式からズレた行動をする」ことであるとして、次のような具体例を挙げています。

【「いつもと違う」部下の様子】

①　遅刻、早退、欠勤が増える
②　休みの連絡がない（無断欠勤がある）
③　残業、休日出勤が不釣合いに増える
④　仕事の能率が悪くなる。思考力・判断力が低下する
⑤　業務の結果がなかなかでてこない
⑥　報告や相談、職場での会話がなくなる（あるいはその逆）
⑦　表情に活気がなく、動作にも元気がない（あるいはその逆）
⑧　不自然な言動が目立つ
⑨　ミスや事故が目立つ
⑩　服装が乱れたり、衣服が不潔であったりする

出典：厚生労働省・独立行政法人労働者健康安全機構「職場における心の健康づくり〜労働者の心の健康の保持増進のための指針〜」平成31年

テレワーク中の部下の「いつもとの違い」

　この①〜⑩を１つずつよく見てみると、上司が部下の姿や行動を観察することができないことが問題となるのは、⑦⑧⑩のみであることに気が付きます。

　①〜③は勤怠管理の問題、④⑤⑨は業務管理の問題であり、「いつもとの違い」は、上司による観察ではなく、ICTツール等を活用した各社の管理体制のなかで見える化されることになります。ここ

で重要なのは、データとして見える化されていたとしても、上司が実際にそのデータを見なければ意味がないということです。テレワークの場合、部下が遅刻等をする姿を直接現場で見ることができないため、問題をリアルに捉えづらい面があります。テレワーク勤務の部下について労務管理や業務管理を行う上司としては、ICTツール等によって見える化されたデータをこまめに確認し、問題がある場合には逐一指導を行うという習慣を身に付けていくことが大切です。

⑥はコミュニケーション頻度の問題です。テレワークであっても電子メール・チャット・ウェブ会議等を利用してコミュニケーションがとられることが通常ですので、そのコミュニケーション状況から「いつもとの違い」に気付くことができるでしょう。

他方で、⑦⑧⑩は、部下の表情・動作・言動・服装に関するものであるため、上司が部下の姿や行動を観察しない限り、「いつもとの違い」に気付くことは不可能です。したがって、これらの点についてはテレワーク特有の対策をとる必要があります。

あるテレワーク導入企業では、部署のメンバーで毎朝オンライン朝礼を行い、その場で1人ずつ自分の今日の体調や気になっていること等についてフランクに話してもらうという取り組みを行っているそうです。また、テレワークであっても常時観察が可能なように、勤務時間中は常にウェブ会議ツールを接続して顔が見える状態にするというルールにしている会社もあります。

後者の方法については、自分のアップの顔が常に上司に見られているという状態に置かれることにより心理的ストレスを感じる労働者は少なくないでしょう。したがって著者としては、前者のオンライン朝礼のような方法で、毎日短時間だけでもよいので、上司が部下の顔色、表情、仕草、声のトーンや服装などをモニター越しに確認できる機会を作ることをおすすめしています。

【部下の様子をモニター越しに確認しよう！】

テレワーク勤務者の不安感・孤独感

　テレワーク勤務者のメンタルヘルスに関連して、テレワーク時の不安感や孤独感についての民間調査[18]において、興味深い結果が出ていますので紹介します。

　まず、テレワーク時の不安感についてですが、テレワーク勤務者が抱く不安の第1位は「相手の気持ちが察しにくい」で39.5％、第2位は「仕事をさぼっていると思われないか」で38.4％。さらに注目すべきは、12項目の設問のうち、いずれの項目についても3割以上の人が不安を抱えており、また、12項目のうち1つでも不安を抱えている人の割合は64.3％であったという点です。

18　パーソル総合研究所「テレワークにおける不安感・孤独感に関する定量調査」。調査時期は2020年3月9日〜3月15日。

【テレワーク勤務者の不安】

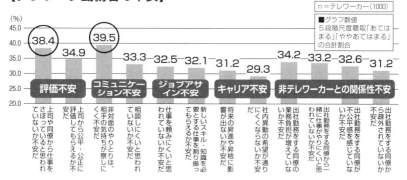

出典：パーソル総合研究所「テレワークにおける不安感・孤独感に関する定量調査」2020年

次に、テレワーク勤務者の孤独感については、「孤立していると思う」と回答した人は28.8％であり、また、テレワークの頻度が高いほど孤独感は高くなるという結果となっています。

【テレワーク勤務者の孤独感】

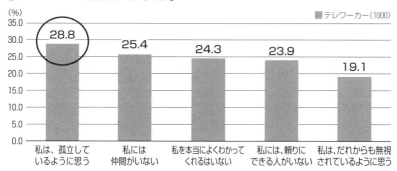

※グラフ数値：5段階尺度聴取「あてはまる」「ややあてはまる」の合計割合
出典：パーソル総合研究所「テレワークにおける不安感・孤独感に関する定量調査」2020年

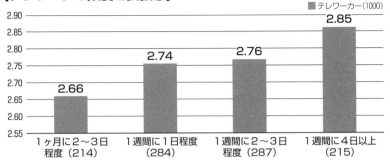

【テレワークの頻度と孤独感】

■ テレワーカー (1000)

- 1ヶ月に2〜3日程度 (214)：2.66
- 1週間に1日程度 (284)：2.74
- 1週間に2〜3日程度 (287)：2.76
- 1週間に4日以上 (215)：2.85

※数値：孤独感5段階尺度5項目の平均値
出典：パーソル総合研究所「テレワークにおける不安感・孤独感に関する定量調査」2020年

　使用者としては、テレワークという働き方がこのような不安感や孤独感を労働者に抱かせやすいものであるということをふまえ、その部分を手当てするような対策を講じる必要があります。

テレワーク勤務者の不安感を払拭するには

　労働者の不安感を払拭するための方法として、著者の経験上特に効果的であると感じるのは、ウェブ会議ツールを使用した定期的な1 on 1ミーティングです。週1回、10〜15分程度で良いので、上司と部下が1対1で、モニター越しにお互いの顔が見える状態で対話を行うのです。できれば月1回はウェブ会議ではなく直接会って対話できるとさらに良いと思います。

　この対話のやり方として重要なのが、上司が一方的に部下に対して話をするのではなく、部下が今どのような悩みや不安を抱えているのかを聞き出し、それを解決するためにどうすれば良いかを上司が共に考えるというスタンスをとることです。

　1 on 1ミーティングをより効果的なものにするために、著者が役員を務める会社では、事前にウェブアンケートを実施しています。アンケートでは、現在抱えている業務上の課題や、対人関係・労働

環境の問題などを自由記述で回答してもらいます。このアンケートを導入してから、より短時間で内容の濃い対話ができるようになりました。

　さらに、既存のICTツールのなかには、出勤時の自分のメンタル状況をお天気マークで記録したり、退勤時にその日の仕事への集中度合いを数値で入力したりできるツールがあります。そのようなデータを上司がリアルタイムに確認できるようになれば、１on１ミーティング時の有益な資料にもなりますし、またそれらのデータから気分の急な落ち込みが読み取れる場合には、臨時に１on１ミーティングを行い問題の早期解決を図ることも可能になります。

　なお、上司と部下の対話に関し、メンタルヘルスガイドラインには、次のような記述があります。

【メンタルヘルスガイドライン抜粋】

　職場の管理監督者は、日常的に、部下からの自発的な相談に対応するよう努めなければなりません。そのためには、部下が上司に相談しやすい環境や雰囲気を整えることが必要です。また、長時間労働等により過労状態にある部下、強度の心理的負荷を伴う出来事を経験した部下、特に個別の配慮が必要と思われる部下に対しては、管理監督者から声をかけるとともに、以下の対応も必要です。

○話を聴く（積極的傾聴）
○適切な情報を提供する
○必要に応じて事業場内産業保健スタッフ等や事業場外資源
　への相談や受診を促すなど

出典：厚生労働省・独立行政法人労働者健康安全機構「職場における心の健康づくり〜労働者の心の健康の保持増進のための指針〜」平成31年

111

１on１ミーティングの結果、上司の力だけでは解決できないような問題が見つかった場合には、適切な相談窓口につなぐことも上司の重要な役割と言えるでしょう。

🏠 テレワーク勤務者の孤独感を和らげるには

　労働者の孤独感を和らげるための方法としては、前述した毎朝のオンライン朝礼は効果的でしょう。

　また、オンラインランチ会を開催したり、仕事の息抜きにエクササイズ動画を画面共有しながら遠隔で一緒に踊ってみたりと、テレワーク導入企業では各社様々な取り組みを行っているようです。

　テレワークであっても職場のつながりを感じられるような楽しい企画案を社内で募ってみるのも面白いかもしれませんね。

15 就業規則と労働条件通知書の見直し

テレワーク導入にあたり就業規則の変更が必要か

テレワークを導入する際、就業規則の変更は必要なのでしょうか。

結論としては、勤務場所のみを変更するだけであり、その他の労働条件（正確には、就業規則の必要記載事項に該当する労働条件）はオフィス勤務時とすべて同じなのであれば、就業規則の変更は不要です。なぜなら、勤務場所は就業規則の必要記載事項ではないからです（労働基準法第89条）。

それでは、就業規則にテレワークに関する規定がなくても、会社からテレワークを命じることができるのでしょうか。

この点について、テレワークを命じることは、所属事業場以外の場所での勤務を命じるという意味で、出張命令の一種であると考えられます。

出張命令に関して、多くの企業では、就業規則に「業務上の都合により出張を命じることができる」旨の規定を置いています。このような規定がある場合には、個別の労働契約において勤務場所を限定する合意がない限り、使用者は労働者に対して出張命令をすることができます。

したがって、就業規則にテレワークに関する規定がなくても、出張命令の規定を根拠にして、会社からテレワークを命じることは可能です。

🏠 就業規則の変更が必要な場合とは

　テレワーク勤務者について、勤務場所の変更とともに、次のいずれかの労働条件（就業規則の必要記載事項）についても変更が生じる場合には、就業規則の変更が必要です（労働基準法第89条）。

絶対的必要記載事項 必ず記載しなければならない事項	① 始業及び終業の時刻、休憩時間、休日、休暇並びに交替制の場合には就業時転換に関する事項 ② 賃金の決定、計算及び支払の方法、賃金の締切り及び支払の時期並びに昇給に関する事項 ③ 退職に関する事項（解雇の事由を含む。）
相対的必要記載事項 当該事業場で定めをする場合に記載しなければならない事項	④ 退職手当に関する事項 ⑤ 臨時の賃金（賞与）、最低賃金額に関する事項 ⑥ 労働者に食費、作業用品その他の負担をさせることに関する事項 ⑦ 安全衛生に関する事項 ⑧ 職業訓練に関する事項 ⑨ 災害補償、業務外の傷病扶助に関する事項 ⑩ 表彰、制裁に関する事項 ⑪ その他全労働者に適用される事項

　たとえば、オフィス勤務の場合には1時間の休憩を12時～13時の時間帯にとらせているが、テレワーク勤務の場合は休憩を分割して任意の時間帯にとることを可能にする、という場合、その旨を就業規則に定めなければなりません（上記①）。また、在宅勤務時に水道光熱費等を労働者に負担させるという企業は多いと思いますが、その場合にも就業規則への規定が必要です（上記⑥）。

🏠 就業規則の変更方法

　就業規則の変更が必要である場合、具体的にどうすればよいので

しょうか。

　方法としては、①既存の就業規則本体にテレワークに関する定め
を盛り込む方法と、②新たにテレワーク勤務規程を作成する方法の
２通りが考えられます。②の方法をとる場合、新たに作成したテレ
ワーク勤務規程は就業規則の一部とされます。

【就業規則本体とテレワーク勤務規程の関係】

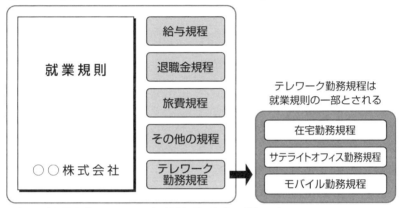

出典：厚生労働省「テレワークモデル就業規則～作成の手引き～」

　①②いずれの方法をとるかは、テレワークに関する規定のボリュ
ームによって決めれば良いと考えます。たとえば、前述の就業規則
の必要記載事項のうち、２～３項目のみ変更すれば足りる、という
ような場合には、①就業規則本体にその内容を盛り込む方法をとる
ほうが簡便でしょう。他方で、変更すべき必要記載事項の項目が多
い場合や、必要記載事項以外にもテレワーク時の服務規律等のルー
ルを規定したいという場合には、就業規則本体とは別に②テレワー
ク勤務規程を作成するほうがわかりやすくなります。

　なお、①②いずれの方法をとる場合であっても、労働者代表から
の意見聴取、所轄の労働基準監督署長への届出、労働者への周知は
必須となりますので、ご注意ください（労働基準法第89条、第90条、

第106条第1項)。

🏠 就業規則の変更による労働条件の不利益変更

　たとえば、ある経営者がテレワーク勤務の場合にはオフィス勤務の場合よりも生産性が下がると考え、就業規則に「テレワーク勤務時の賃金はオフィス勤務時の賃金の8割に減額する。」と規定した場合、その定めに基づいて有効に減給することができるのでしょうか。

　これは、いわゆる労働条件の不利益変更の問題です。

　使用者は、原則として、労働者と合意することなく、就業規則を変更することにより、労働者にとって不利益に労働条件を変更することはできません（労働契約法第9条本文）。ただし、この原則には次のような例外があります。

労働契約法第10条

　使用者が就業規則の変更により労働条件を変更する場合において、変更後の就業規則を労働者に周知させ、かつ、就業規則の変更が、労働者の受ける不利益の程度、労働条件の変更の必要性、変更後の就業規則の内容の相当性、労働組合等との交渉の状況その他の就業規則の変更に係る事情に照らして合理的なものであるときは、労働契約の内容である労働条件は、当該変更後の就業規則に定めるところによるものとする。ただし、労働契約において、労働者及び使用者が就業規則の変更によっては変更されない労働条件として合意していた部分については、第12条に該当する場合[19]を除き、この限りでない。

19　労働契約で定めた労働条件が就業規則で定める基準に達しない場合を指します。

簡単にまとめると、①変更後の就業規則を労働者に周知させ、②就業規則の変更が労働者の受ける不利益の程度等を総合考慮して合理的であり、かつ③個別の労働契約において労働条件を変更しない合意がなされていない限り、就業規則の変更による労働条件の不利益変更が可能になるということです。

　①～③の要件のうち、通常問題となるのは②の合理性が認められるかどうかです。

　冒頭の例について考えてみますと、賃金という労働者にとって特に重要な労働条件について、２割減額されることにより労働者が受ける不利益の程度は非常に大きいと言えます。他方、テレワークで勤務場所が自宅等に変わるというだけで、オフィス勤務の場合よりも生産性が下がるとは言い切れません（むしろテレワークにより生産性が上がるケースもあります）ので、このような賃金減額については必要性も相当性も否定されるでしょう。これらの事情を総合考慮すると、「テレワーク勤務時の賃金はオフィス勤務時の賃金の８割に減額する。」という就業規則の変更は、およそ合理的とは言えません。したがって、このような就業規則の変更をしたとしても、労働者の個別同意がない限り、労働条件は変更されない（テレワーク勤務時にもオフィス勤務時と同額の賃金が支払われる）ということになります。

　テレワーク導入にあたり労働条件の不利益変更の必要が生じた場合には、使用者は労働者に対して変更の必要性を丁寧に説明し、個別同意を得られるよう最大限努力すべきです。そして、個別同意を得られない場合には、使用者としては、労働契約法第10条の合理性の要件が認められるよう十分注意しながら就業規則の変更を行わなければなりません。

　なお、労働者の個別同意について、最高裁判所は山梨県民信用組合事件（最二小判平成28年２月19日・民集70巻2号123頁・労判1136

号6頁）で次のように判示し、労働者の同意の有無を慎重に判断する姿勢を示しています。

【判決文抜粋】

> 就業規則に定められた賃金や退職金に関する労働条件の変更に対する労働者の同意の有無については、当該変更を受け入れる旨の労働者の行為の有無だけでなく、当該変更により労働者にもたらされる不利益の内容及び程度、労働者により当該行為がされるに至った経緯及びその態様、当該行為に先立つ労働者への情報提供又は説明の内容等に照らして、当該行為が労働者の自由な意思に基づいてされたものと認めるに足りる合理的な理由が客観的に存在するか否かという観点からも、判断されるべきものと解するのが相当である

したがって、労働者の個別同意を得る方法をとる場合には、単に同意書にサインさせれば良いわけではなく、上記の判例をふまえ、労働者が自由な意思に基づいて同意したと認められるように注意しなければなりません。

🏠 テレワーク導入にあたり労働条件通知書の変更は必要か

使用者は、労働契約の締結に際し、労働者に対して以下の労働条件を明示しなければなりません（労働基準法第15条第1項、労働基準法施行規則第5条）[20]。

20　パートタイム・有期雇用労働者については、労働基準法で定める事項のほか、昇給の有無、退職手当の有無、賞与の有無及び雇用管理の改善等に関する事項に係る相談窓口についても明示しなければなりません（パートタイム・有期雇用労働法第6条第1項、同法施行規則第2条）。

書面交付等[21]による明示事項	口頭の明示でもよい事項
① 労働契約の期間 ② 就業の場所・従事する業務の内容 ③ 始業・終業時刻、所定労働時間を超える労働の有無、休憩時間、休日、休暇、交代制勤務をさせる場合は就業時転換に関する事項 ④ 賃金の決定・計算・支払いの方法、賃金の締め切り・支払いの時期に関する事項 ⑤ 退職に関する事項（解雇の事由を含む）	① 昇給に関する事項 ② 退職手当の定めが適用される労働者の範囲、退職手当の決定、計算・支払いの方法、支払いの時期に関する事項 ③ 臨時に支払われる賃金・賞与などに関する事項 ④ 労働者に負担させる食費・作業用品その他に関する事項 ⑤ 安全衛生に関する事項 ⑥ 職業訓練に関する事項 ⑦ 災害補償、業務外の傷病扶助に関する事項 ⑧ 表彰、制裁に関する事項 ⑨ 休職に関する事項

　このうち、テレワークに関して重要となる「就業の場所」について、行政通達では「雇入れ直後の就業の場所…を明示すれば足りる」としています（労働省労働基準局長通達平成11年1月29日基発第45号）。

　したがって、既存の労働者について、雇入れ時に交付した労働条件通知書の就業場所欄に「自宅」などテレワークを行う場所が記載されていなくても問題ありません。

　他方、新たに労働者を雇い入れる場合において、雇入れ直後からテレワークをさせるときには、テレワークを行う場所を書面交付等により明示する必要があります。

21　平成31年4月以降は、労働者が希望した場合には、書面の交付ではなく、FAX送信や電子メール・SNSのメッセージ送信機能（労働条件通知書のデータファイルを添付するなど労働者が出力して書面を作成できる方法に限る）により労働条件を明示することも可能になりました（労働基準法施行規則第5条第4項但書）。

その明示方法について、テレワークガイドラインには次のような記述があります。

> 労働者がテレワークを行うことを予定している場合においては、<u>自宅やサテライトオフィス等、テレワークを行うことが可能である就業の場所を明示</u>することが望ましい。
> なお、労働者が専らモバイル勤務をする場合等、業務内容や労働者の都合に合わせて働く場所を柔軟に運用する場合は、<u>就業の場所についての許可基準を示した上で、「使用者が許可する場所」</u>といった形で明示することも可能である。

※下線は著者によります。

　また、「就業の場所」だけでなく、「始業・終業時刻」なども明示事項に含まれますので、たとえばテレワーク時には始業・終業時刻を1時間繰り上げるといったルールにする場合には、その旨もあわせて明示する必要があります。

16 テレワークの費用負担

🏠 テレワークにかかる費用は使用者が負担すべき？

テレワークを行う際、特に在宅勤務の場合には、通信費や水道光熱費等を誰が負担するのか、という問題が生じます。

結論から言いますと、これらの費用は必ずしも使用者が負担する必要はなく、労働者負担とすることも可能です。ただし、労働者に費用負担をさせる場合には、必ずその旨を就業規則に定めなければなりません（労働基準法第89条第1項第5号）。

費用負担の規定方法について、テレワークの場合にのみ発生する費用負担であれば、就業規則本体ではなくテレワーク勤務規程に定めれば足ります（テレワーク勤務規程例第15条〈165頁〉参照）。

🏠 テレワークで発生しうる費用と労働者負担の限界

テレワークで発生しうる費用としては、以下のものが考えられます。

---

① PC、携帯電話、プリンター等、仕事に必要な機器本体の費用
② 通信費
③ 水道光熱費
④ 環境整備費
⑤ 消耗品費・郵送費
⑥ サテライトオフィス利用料金

それでは、就業規則に定めさえすれば、これらのうちどの費用でも労働者負担とできるのでしょうか。

　この点について、テレワークガイドラインには「労使のどちらが負担するか、また、使用者が負担する場合における限度額、労働者が請求する場合の請求方法等については、あらかじめ労使で十分に話し合い、就業規則等において定めておくことが望ましい」としか書かれていません。

　しかしながら、前述の労働条件の不利益変更（116頁参照）との関係で考えると、労働者に負担させることができる費用には自ずと限界があるものと考えられます。

　テレワーク時の費用負担を新たに労働者に課すことは、労働条件の不利益変更に当たると言えるでしょう。この不利益変更を、労働者の個別同意なく、就業規則の変更により行おうとする場合には、①変更後の就業規則を労働者に周知させ、②就業規則の変更が労働者の受ける不利益の程度・労働条件の変更の必要性・変更後の就業規則の内容の相当性・労働組合等との交渉の状況等を総合考慮して合理的であり、かつ③個別の労働契約において労働条件を変更しない合意がなされていないという要件を満たす必要があります（労働契約法第10条）。

　重要なのは、要件②の合理性が認められるかどうかです。

　テレワークにおける労働者の費用負担の合理性を検討するにあたっては、テレワークが使用者によって強制されるか否かが重要な判断要素になると考えます。

　たとえば、就業環境の整ったオフィスが使用者によって用意されているにもかかわらず、労働者が育児や介護等の都合でテレワークをしたいと使用者に願い出るような場合には、テレワークに必要となる費用の多くを労働者に負担させたとしても、合理性は認められるのではないかと思います。

他方で、感染症対策等のために使用者が労働者に対してテレワークを命じるような場合には、労働者としてはオフィスで働くという選択肢がなくなり、テレワークに必要な費用を回避することができなくなります。このような場合の費用負担については、費用の金額の多寡や性質、労使間での交渉状況等をふまえ、合理性の有無が慎重に判断されることになるでしょう。

　また、仮に就業規則の変更が上記要件①～③を満たし、労働者に費用負担させるよう労働条件を変更できたとしても、具体的なケースにおいて労働者の費用負担が過大である場合には、そのような費用負担を前提としたテレワークを命じることは業務命令権の濫用（労働契約法第3条第5項）に当たるとして違法無効となる可能性があります。この業務命令権の濫用について、裁判所は、「業務命令が業務上の必要性を欠いていたり、不当な動機・目的をもって行われたり、目的との関係で合理性ないし相当性を欠いていたりするなど、社会通念上著しく合理性を欠く場合には、権利の濫用として違法無効になると解される。」と判示しています[22]。

　したがって、就業規則に定めさえすれば、どのような費用でも労働者負担とできるわけではなく、就業規則に定める費用負担ルール自体の合理性や、具体的なケースにおける費用負担の合理性が必要ということになります。

　そこで、このような合理性が必要であることを念頭に置きながら、テレワークにおける費用負担をどのようにすべきか、前述の各費用について他社事例をふまえながら検討してみましょう。なお、本書では、感染症対策等のために使用者が労働者に対してテレワークを命じることがあることを前提に検討を進めたいと思います。

22　学校法人須磨学園ほか事件・神戸地判平成28年5月26日・労判1142号22頁

🏠 業務に必要な機器本体の費用は原則会社負担とすべき

　労務管理等Q&A集には、「テレワーク導入企業の事例では、パソコン本体や周辺機器、携帯電話、スマートフォンなどについては、会社から貸与しているケースが多く見られます。会社が貸与した場合、基本的には全額会社負担としているところが多いようです。」と記載されています。PCやスマートフォンなどの機器本体の費用は一般的に高額であるため、従業員にそれらの購入費用を負担させることは合理性の観点から避けるべきでしょう。

● PC

　テレワークを導入するにあたり、まず最初に直面するのが「PCどうするか問題」です。

　多くのテレワーク導入企業では、テレワーク導入前に（又はテレワーク導入を機に）会社のPCをデスクトップPCからモバイルノートPCに入れ替え、テレワークの際にはそれを持ち帰ってもらう、という運用をとっています。

　この運用をとれば、テレワークの場合に追加でPCの費用がかかることはありませんし、感染症流行時などに全社的に在宅勤務を行う必要が発生したときでも機動的に対応することができます。

　他方、上記のようなPCの入れ替えが困難な場合には、テレワーク勤務時にのみモバイルノートPCを貸与することとし、会社に貸与用のモバイルノートPCを数台用意している会社が多いようです。

　なお、従業員がもともとプライベート用に所有している私物PCを業務に使用させることも考えられなくはありませんが、情報セキュリティの観点から避けたほうが良いでしょう。

● 携帯電話

　次に、業務で電話を使用する従業員について、会社が携帯電話を貸与していない場合、テレワーク勤務時の電話をどうするかが問題

となります。通常、ほとんどの従業員はプライベート用のスマートフォン（以下、「私物スマホ」といいます。）を持っているでしょうが、仕事の取引先にプライベートの電話番号を知られることには抵抗感が強いと思います。

しかしながら、テレワーク勤務時に貸与する携帯電話を会社で新たに購入するというのは多額のコストがかかります。

そこで最近よく利用されているのが、私物スマホを使って会社の内線に出たり、会社の代表番号から架電したりできるクラウドPBX[23]のサービスです。また、通話料を安く抑えたい場合には、IP電話（050から始まる電話番号）を私物スマホで使えるようにするサービスもあります。

いずれのサービスも、私物スマホに専用のアプリをインストールするだけで利用できるため、機器本体にかかるコストを0円に抑えられます。

【私物スマホで業務用の電話番号を使用する方法】

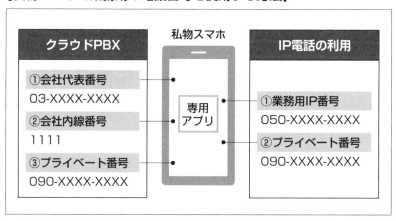

23　プライベート・ブランチ・エクスチェンジ（構内電話交換機）の略称です。

●プリンター・スキャナー

　スキャナー機能付きのプリンターを個人で所有しているという従業員は少なくないでしょう。そこで、在宅勤務の場合にはそれを業務に使用してもらい、業務上プリントする枚数が多い場合には、在宅勤務手当等の名目で、インクカートリッジの購入費用の一部を会社で補助するルールとしている会社が多いようです。

　個人所有のプリンターでは対応できない用紙サイズの大きな資料をプリント又はスキャンしたい場合やモバイル勤務の場合には、最寄りのコンビニエンスストアのマルチコピー機を使用してもらうのが良いでしょう。その際にかかる費用については、領収書を提出してもらい実費精算するという運用が一般的です。

　それでは、スキャナーやプリンターを個人で所有していない従業員に在宅勤務をさせる場合にはどうすれば良いでしょうか。

　この場合には、その従業員が業務上プリンターやスキャナーを使用する頻度に応じて、使用頻度が高いときには会社からプリンターやスキャナーを貸与し、使用頻度が低いときにはコンビニエンスストアのマルチコピー機で対応してもらうという運用がおすすめです。

通信費は個人利用との切り分けの可否がポイント

　通信費については、インターネットと携帯電話の利用料金の負担をどうするかが問題となります。

●インターネットの利用料金

　インターネット利用料金について、在宅勤務の場合には、従業員が個人で契約している自宅のインターネット回線を利用させることが考えられます。この場合のインターネット利用料金については、一定の月額で無制限にインターネットを利用できるプランに加入しているケースが多いこと、及び従業員の業務利用分とプライベート利用分の切り分けが困難であることから、すべて従業員負担にして

いる会社が多いようです。個人で契約しているプランの内容や、在宅勤務の頻度によって、その運用がフェアでないような事情がある場合には、在宅勤務手当等の名目で、インターネット利用料金の一部を会社で補助すると良いでしょう。

　厚生労働省発行の「テレワークモデル就業規則～作成の手引き～」（以下、「就業規則作成の手引き」といいます。）には、「従業員の自宅におけるインターネット接続回線は、当然のことながら個人の使用も可能ですので、個人の使用と業務での使用を区別することは事実上困難です。通信回線はすでに個人が私用に契約していることが多いため、通信回線の利用料を個人負担としているケースか、あるいは、一定額の手当を支払っているケース〈中略〉が多いようです。」と記載されています。この書き方を見る限り、インターネットの利用料金について従業員に負担させることについては比較的合理性が認められやすいようです。

　なお、従業員が自宅のインターネット回線を個人で契約していない場合や、モバイル勤務の場合には、モバイルルーターを会社から貸与し、その利用料金は会社で負担するというケースが多く見受けられます。

　他方、従業員の自宅に新たにインターネット回線を引くという方法をとる会社もあります。この場合の工事費については、労務管理等Q&A集に、従業員自身が「個人的にも使用することがあるため、その負担を個人負担としている例も見られますが、会社が負担するケースもあります。」と記載されており、必ずしも会社が全額負担する必要はないようです。在宅勤務の時間や頻度をふまえ、工事費の一定割合を会社が負担するのが合理的ではないかと考えます。

● 携帯電話の利用料金

　携帯電話の利用料金については、会社が貸与した携帯電話を利用する場合はもちろんのこと、従業員の私物スマホを利用する場合で

あっても、前述のとおり、クラウドPBXやIP電話を利用すれば、業務利用とプライベート利用を切り分けられるため、業務利用分はすべて会社負担とするのが合理的です。

それでは、クラウドPBXやIP電話を利用せず、私物スマホの個人の電話番号で業務の電話をさせる場合はどうでしょうか。

この場合の電話料金について、就業規則作成の手引きには、「個人負担とする方法のほか、電話の請求明細などから、業務用通話分のみを会社が負担する方法が考えられます。」と記載されています。電話料金をすべて従業員負担とする方法については、その従業員が一定の月額で無制限に電話をかけられるプラン（以下、「かけ放題プラン」といいます。）に加入している場合には問題ないかもしれませんが、そうでない場合には従業員に多額の費用負担が発生する可能性があり合理性が否定されかねません。

したがって、かけ放題プランに加入していない場合には、業務利用分を電話の請求明細などから算出し、その分は会社で負担すべきです。もっともこの方法をとると、業務利用分の算出のために余計な人件費がかかってしまいますので、会社が毎月一定額を補助することにより、かけ放題プランに加入してもらう方法をとったほうが良いかもしれません。

水道光熱費の負担は時季をふまえて検討

在宅勤務の場合には、オフィス勤務の場合には不要であった自宅等の水道光熱費の負担が生じます。

この水道光熱費について、インターネット利用料金と同様、業務利用分とプライベート利用分の切り分けが困難であることから、すべて従業員負担としている企業が多いようです。

しかしながら、特に夏場や冬場には、エアコンの使用による電気代の負担が大きくなることが想定され、このような時季において従

業員に水道光熱費をすべて負担させるのは合理的とは言い難いと考えます。そこで、少なくともエアコンの使用が必要な時季については、在宅勤務手当等の名目で、水道光熱費の一部を会社で補助したほうが良いでしょう。

環境整備費の負担は安全配慮義務をふまえて検討

作業環境整備のポイントをふまえて作成したチェックシート（103頁参照）について、従業員に提出させたところ、チェックが付かない項目があった場合にはどうすれば良いでしょうか。

特に、業務に適した机や椅子が自宅等にないことが問題になるケースが多いようです。このようなケースにおいて、会社として何ら対応をとらずにテレワークをさせてしまうと、それにより腰痛等の労働災害が発生した場合、会社は安全配慮義務違反の責任を問われかねません（テレワークの労働災害ついては92頁以降を参照）。

また、作業環境整備のポイントのなかには「キーボードとディスプレイは分離して位置を調整できる」ことが含まれており、テレワークでモバイルノートPCを使用する場合にこれを可能にするにはモニター又は外付けキーボードが必要となります。通常、モバイルノートPCだけでは画面が小さく作業しづらいことから、安全配慮義務を尽くすためのみならず生産性を低下させないために、外付けキーボードではなくモニターを用意したほうが良いでしょう。

オフィスに予備の机・椅子・モニターがある場合には、それを従業員に貸与すれば足りますが、そのような予備がなく新たに購入する必要がある場合、その費用は労使どちらが負担すべきでしょうか。

まず、机・椅子については、就業規則作成の手引きに、「文具や備品などについては、基本的には会社負担とするケースが大半です。」と記載されていること、及び会社の安全配慮義務に関わる物であることをふまえると、会社が負担するべきであると考えます。

次に、モニターについては、プリンター等の周辺機器と同様に考え、労務管理等Q&A集に「パソコン本体や周辺機器〈中略〉については、会社から貸与しているケースが多く見られます。会社が貸与した場合、基本的には全額会社負担としているところが多いようです。」と記載されていること、モニターの価格は一般的に高額であること、及び会社の安全配慮義務に関わる物であることをふまえると、こちらも会社が負担すべきでしょう。

　もっとも、会社が負担すべき範囲は、作業環境整備のポイントを満たす最低限の机・椅子・モニター等（以下、「最低限の机等」といいます。）を購入する費用（以下、「最低限の費用」といいます。）に限られると考えます。会社としては、最低限の机等を購入し、従業員に無償で貸与すれば足ります。その具体的な方法としては、会社がオンラインショップで購入し、配送先を従業員のテレワーク場所に指定するのが簡便です。

　従業員がテレワークをしなくなった場合や会社を退職する場合（以下、「テレワーク終了時」といいます。）には貸与した机等を会社に返却してもらう必要があります。会社のスペース等との兼ね合いで返却されても困るという場合には、従業員に譲渡するか、会社が費用を負担して従業員に廃棄してもらうことになります。

　では、従業員がスペックやデザインを重視し、最低限の机等ではなくもっと良い物が欲しいと要望してきた場合はどうすれば良いでしょうか。

　会社として、あくまで最低限の机等を貸与するというスタンスを貫くのであれば、それを超える物が欲しい場合には全額従業員負担で購入してもらうという方法をとるべきと考えます。この点について、購入時点で最低限の費用分を会社が負担する方法も考えられますが、この場合には購入した机等の所有権が会社に帰属することを明確に労使間で取り決めておかなければ、テレワーク終了時に机等

を会社に返却させるのは非常に困難になります。

　そこで、経済的に余裕がある会社では、机等はあくまで従業員の好きな物を自費で購入してもらい、会社は最低限の費用を賄える金額の手当（3万〜5万円程度の一時金）をすべてのテレワーク勤務者に一律で支給するという方法をとるところが多いようです。この方法をとる場合には、机等の新規購入の必要がない従業員についても手当を支給しなければフェアではありません。テレワーク勤務者の数が多くそれが難しい場合には、先に述べた最低限の机等を貸与する方法をとるべきでしょう。

消耗品費・郵送費は会社負担

　業務上必要な文具等の消耗品や、郵便・宅配便等の発送にかかる費用については、会社負担とするのが合理的でしょう。

　まず、消耗品費については、ペンやノート等の軽くて安価な物であれば、会社にある物を持ち帰ったり、従業員が立て替え払いで購入し、領収書と引き換えに後で精算すれば良いでしょう。他方、重くて持ち運びが困難な物や、高価で立て替えが従業員の負担になる物については、会社がオンラインショップで購入し、配送先を従業員のテレワーク場所に指定するのが合理的であると考えます。

　次に、切手やレターパック等の郵便料金については、郵便の発送頻度が少なくかつ金額が少額である場合には、従業員に立て替え払いしてもらうのも手でしょう。他方、それ以外の場合には、会社から従業員に対して、事前に、切手やレターパック自体、又は一定の現金を預けておくのが合理的であると考えます。

　また、宅配便の発送費用については、会社宛に送るときには着払いにすれば足ります。会社以外の宛先に送るときには、発送頻度が少なくかつ発送費用が少額である場合以外は従業員に立て替え払いはさせず、会社が事前に一定の現金を従業員に預けておきそれで支

払ってもらう方法をとるべきです。

　従業員に立て替え払いをさせる場合には、精算方法についてもルール化する必要があります。立て替え払い分について、領収書を渡してもらいその場で現金で精算する、という方法をとっている会社が少なくないでしょうが、精算を行う当事者がテレワークで遠隔地にいる場合にはこの方法はとれません。そこで、たとえば毎月20日締めで従業員から立て替え払い分の金額をまとめたデータと領収書の画像データをメールで会社に送ってもらい、そのデータをふまえて毎月25日の賃金支払い日に、立て替え払い分の金額を賃金とともに支払うというようなルールにしている会社が多いようです。

　従業員による立て替え払いから精算までの期間が長すぎると、従業員の負担が大きくなりますので、1か月程度の期間内には精算するようにしたほうが良いでしょう。

サテライトオフィス利用料金は会社負担とすべき

　サテライトオフィスのうち、会社所有施設ではなく他社所有の共用施設を利用する場合、その利用料金は労使どちらが負担するのが合理的でしょうか。

　たとえば、出張中に作業環境の整った場所で働くことができるよう出張先にあるサテライトオフィスの利用を会社が指示する場合など、会社が従業員に対してサテライトオフィスの利用を命じるような場合には、その利用料金は全額会社が負担するのが合理的であると考えます。

コラム　従業員都合による サテライトオフィス利用の費用負担

　所属事業場で働くことが可能であるにもかかわらず、従業員が育児や介護等の都合で、通勤時間を削減するために自宅最寄りのサテライトオフィスで働きたいと願い出るような場合には、サテライトオフィスの利用料金を従業員に負担させたとしても、合理性は認められるのではないかと考えます。もっとも、このような場合にサテライトオフィスを積極的に利用させることにより、育児・介護中の従業員が仕事に充てられる時間は増えますし、育児・介護理由の離職の防止にもつながります。したがって、会社の経営戦略として、育児・介護を理由としたサテライトオフィスの利用であればその利用料金の全部又は一部を会社が負担するのも手だと思います。

17 在宅勤務手当の支給額・支給方法

🏠 在宅勤務手当の支給額

　インターネット利用料金や水道光熱費等について、在宅勤務手当の名目で補助する場合、その手当はいくら支給すれば良いでしょうか。

　在宅勤務手当の支給額については、全員一律の金額とする企業もあれば、在宅勤務をした日数に応じて金額を増減させる企業もあります。また、エアコンの利用により電気代の負担が大きくなりやすい夏場と冬場については手当額を多めに、それ以外の季節については手当額を少なめにするというのも合理的でしょう。在宅勤務手当を支給している企業の事例を見ると、1か月あたり3千円～1万円の範囲の金額に設定しているところが多いようです。

　自社の在宅勤務手当をいくらにすべきかよくわからない、という場合には、まずは少なめの金額で設定しておき、実際に在宅勤務を行った従業員から自宅の光熱費の増加状況などをヒアリングしたうえで、金額を上方修正していくという方法をとると良いでしょう。

🏠 在宅勤務手当の支給方法についての注意点

　在宅勤務手当の支給に関して注意しなければならないのが、割増賃金の算定基礎賃金の問題です。

　ご存知のとおり、時間外・休日・深夜労働をさせる場合には、使用者は労働者に対して割増賃金を支払わなければなりません（労働基準法第37条第1項・第4項）。そして、この割増賃金は、次のよ

うに算定されます。

割増賃金額 = 1時間あたりの賃金額 × 時間外・休日・深夜労働をさせた時間数 × 割増賃金率

そして、法律上、この「1時間あたりの賃金額」(以下、「割増賃金の算定基礎賃金」といいます。) から除外できる賃金は以下の①〜⑦に限られます(労働基準法第37条第5項、同法施行規則第21条)。

① 家族手当
② 通勤手当
③ 別居手当
④ 子女教育手当
⑤ 住宅手当
⑥ 臨時に支払われた賃金
⑦ 1か月を超える期間ごとに支払われる賃金

在宅勤務手当について、毎月支給することにする場合、①〜⑦のいずれにも当てはまらないため、割増賃金の算定基礎賃金に含めなければなりません。

他方、在宅勤務手当を数か月に1度支給する場合は⑦、環境整備の費用のように一時金として支給する場合は⑥に該当しますので、割増賃金の算定基礎賃金に含めなくて良いということになります。

🏠 在宅勤務手当の支給額・支給方法は就業規則に記載する

在宅勤務手当をそもそも支給するかどうか、支給する場合に、支給額や支給時期をどうするかについては、最終的には自社の方針や経営状況に沿って決めていただくことになります。

賃金の決定や計算方法については、就業規則の絶対的必要記載事項に該当します（労働基準法第89条第2号）。したがって、在宅勤務手当を支給する場合には、その支給額の計算方法を含めて賃金規程本体又はテレワーク勤務規程に規定しなければなりませんのでご注意ください。

18
通勤手当の見直し

通勤手当を減額できるかは賃金規程の内容次第

　在宅勤務を行う日については通勤が不要になりますが、その分だけ通勤手当を減額しても良いのでしょうか。

　通勤手当は、法律上使用者に支払いが義務付けられているわけではなく、その手当額の決定方法については各社の賃金規程の定めによることになります。

　そこで、自社の賃金規程の通勤手当に関する条文を確認してみてください。そこに、「通勤手当は、月額○○円を上限として、通勤に要する実費に相当する額を支給する。」というような実費支給のルールが規定されている場合には、在宅勤務では通勤の実費が発生しないため、在宅勤務の日数に応じて通勤手当を減額することが可能です。

　それでは、「通勤手当は、公共交通機関を利用して通勤する従業員に対して、月額○○円を上限として、1か月分の定期代相当額を支給する。」と規定されていた場合はどうでしょう。この場合には、極端な話、月に1度でも公共交通機関を利用して通勤した者については、1か月分の定期代相当額を支給しなければならない、という話になりかねません。そこで、このような会社は、在宅勤務制度の導入にあわせて、通勤手当の制度を変更する必要があります。

通勤手当の制度変更と労働条件の不利益変更

　従業員に対して通勤手当として毎月固定の定期代を支給している

会社において、オフィスへの出社日数が少ないときには実費支給にするという制度に変更する場合、実質的に従業員が受け取る手当額が減るのであれば、労働条件の不利益変更に該当します。

前述のとおり、①変更後の就業規則を労働者に周知させ、②就業規則の変更が労働者の受ける不利益の程度等を総合考慮して合理的であり、かつ③個別の労働契約において労働条件を変更しない合意がなされていない場合には、労働者の個別同意がなくても、就業規則を変更することによって労働条件の不利益変更が可能になります。

①～③の要件のうち、通常問題となるのは②の合理性が認められるかどうかです。

通勤手当の制度変更について考えてみますと、そもそも定期代を支給する理由は、毎月一定日数以上オフィスに通勤することを前提とすると実費支給よりも定期購入のほうが経済的であるからです。在宅勤務の場合には毎日オフィスに通勤する必要が無くなるわけですから、この前提自体が崩れるため、実費支給の制度に変更することには合理性が認められるでしょう。

したがって、このような通勤手当の制度変更については、労働者の個別同意なく、就業規則を変更することにより一律に行うことが可能であると考えます。

🏠 通勤手当の条文の変更方法と変更時の注意点

通勤手当について上述の制度変更をするための、就業規則の条文の具体的な変更方法については、後掲のテレワーク勤務規程例第16条（166頁以降）をご参照ください。

なお、通勤手当の制度変更をいきなり行ってしまうと、すでに定期券を購入済みの従業員がいる場合には不満を抱くでしょうから、現在の運用で定期券を購入するタイミングよりも前に従業員に予告を行うように注意する必要があります。

第 **4** 章

テレワーク勤務規程例の
逐条解説と各種書式例

01

テレワーク勤務規程例の逐条解説

🏠 就業規則本体とテレワーク勤務規程の関係

　114頁以降で述べたとおり、テレワーク導入時の就業規則の変更方法としては、①既存の就業規則本体にテレワークに関する定めを盛り込む方法と、②新たにテレワーク勤務規程を作成する方法の2通りが考えられます。②の方法をとる場合、新たに作成したテレワーク勤務規程は就業規則の一部とされます。

　②の方法をとる場合のテレワーク勤務規程について、厚生労働省の「テレワークモデル就業規則〜作成の手引き〜」（以下、「モデル就業規則」といいます。）を参考にしつつ、実際に中小企業で導入する場合に運用しやすいようにアレンジを加えた規程例を作成してみました。

　以下、条文を1つずつ解説しますので、自社でテレワーク勤務規程を作成する際の参考になさってください。

《注意事項》
- 本書の規程例又は各種書式例を使用したことにより万一損害が発生したとしても、日本実業出版社及び著者は責任を負いかねます。必ずご自身の判断及び責任においてご使用ください。
- 本書の規程例及び各種書式例の全部又は一部について、自社の規程又は書式を作成すること以外の目的で使用することを禁じます。

まずは就業規則本体に委任規定を挿入する

　既存の就業規則本体のなかに、以下の条文を挿入します。これは委任規定といい、就業規則本体には定めきれないルールを他の規程で定めるよう任せる規定です。

第○条（テレワーク勤務）
1　会社は、従業員に対し、在宅勤務、サテライトオフィス勤務及びモバイル勤務（以下、総称して「テレワーク勤務」という。）をさせることがある。
2　テレワーク勤務に関する事項については、テレワーク勤務規程に定めるものとする。

　この委任規定を挿入する位置について、法的に絶対にここでなければならないということはないのですが、前述のとおり、テレワークを命じることの法的性質が出張命令の一種であると考えられることからすれば、出張命令について定めている条文の近くに挿入するのがわかりやすいのではないかと思います。

　なお、モデル就業規則では、委任規定を就業規則本体の適用範囲に関する条文内に入れています。しかしながら、通常、適用範囲の条文はその就業規則がどの範囲の従業員に適用されるのかを定めるものであり、テレワーク勤務に関する規定をそのなかに挿入することについては著者は違和感を覚えます。

テレワーク勤務規程例の逐条解説

　就業規則本体に委任規定を挿入できたら、次はテレワーク勤務規程の作成にとりかかります。

テレワーク勤務規程

第1条（目的）

　本規程は、株式会社○○（以下、「会社」という。）の就業規則（以下、「本則」という。）第○条に基づき、テレワーク勤務について必要な事項を定めたものである。

《解説》

　就業規則本体の委任規定に基づきテレワーク勤務について定める規程であることを明確にしています。「第○条」部分には、就業規則本体の委任規定の条文番号を挿入してください。

第2条（定義）

　本規程でテレワーク勤務とは、次の各号で定める勤務の総称をいう。

①　在宅勤務：従業員の自宅、その他自宅に準じる場所（会社が事前に許可した場所に限る。以下、「自宅等」という。）における情報通信機器を利用した勤務

②　サテライトオフィス勤務：所属事業場以外の会社所有施設又は会社が指定する他社所有の共用施設における情報通信機器を利用した勤務

③　モバイル勤務：所属事業場以外における情報通信機器を利用した勤務のうち、前各号以外の勤務

《解説》

　第2条第1号の「自宅に準じる場所」とは、たとえば、実家で親の介護をしながら働く場合における実家などを指します。

　この「自宅に準じる場所」について、たとえば兄弟姉妹の自宅や

交際相手の自宅がこれに当たるかの解釈をめぐってトラブルにならないよう、「会社が事前に許可した場所に限る」という限定を付けています。

第3条（対象者）

1　テレワーク勤務の対象者は、本則第○条に規定する従業員であって次の各号の条件を全て満たした者のうち、本人がテレワーク勤務を希望し、かつ第4条第2項に基づき会社がテレワーク勤務を許可した者とする。

　①　原則として勤続1年以上であること

　②　テレワーク勤務により自己の業務を円滑に遂行できると会社が認める者であること

　③　在宅勤務及びサテライトオフィス勤務の場合は、作業環境及びセキュリティ環境が適正であること

　④　在宅勤務の場合は、同居者の理解を得られていること

2　前項の規定にかかわらず、天災事変、感染症の流行、交通障害等の非常事態においては、テレワーク勤務の対象者は、本則第○条に規定する従業員であって安全配慮の観点からテレワーク勤務が必要であると会社が認める者のうち、本人がテレワーク勤務を希望し、かつ第4条第2項に基づき会社がテレワーク勤務を許可した者とする。なお、本項に基づきテレワーク勤務の対象者となった者については、前項各号の条件を全て満たしている場合を除き、当該非常事態が終了したと会社が判断した時点においてテレワーク勤務の対象者から除外されるものとする。

《解説》
第1項について

　第1項は、テレワーク勤務の対象者を様々な条件で絞り込んでいく規定です。どのような目的でテレワークを導入するかによって、条件の定め方は自ずと変わってきます。

　規程例では、生産性向上やコスト削減などを目的として、通常時においても広くテレワークを認める場合を想定し、実務上最低限入れておいたほうが良い条件を定めています。

　第1号及び第2号は、対象者の自律性を担保するための条件です。会社での働き方のルールや仕事の進め方に関してしっかりと理解し、自律して働くことができるスキルは、テレワーク勤務においても生産性を低下させないために非常に重要なスキルです。

　第2号はこの自律性について直接明文化したものです。

　他方、第1号は、勤続1年未満の従業員は会社のルールや仕事の進め方についての理解が乏しく自律して働くことが通常困難であろうことから、勤続年数という明確な条件で一律に対象者を絞り込む規定です。実際には自律した働き方ができるようになるまでにかかる期間は従業員ごとに異なりますので、例外を認める可能性があることを示すため、「原則として」という文言を入れています。

　第3号及び第4号は、在宅勤務やサテライトオフィス勤務時に特に問題となる事項をクリアしていることを担保するための条件です。各号に該当するかどうかの判断方法に関して、自宅等の環境や同居者の理解について会社が直接確認することは困難であるため、テレワーク勤務許可申請時に従業員にチェックシート（書式例は175頁参照）を提出させる方法をとるのが良いでしょう。

〜アレンジ例1（一定の職種を除外）〜

　テレワークがおよそ不可能な職種がある場合には、以下のような

条件を追加し、その職種の従業員を除外します。

> ⑤　○○以外の職種であること

　なお、店頭での接客や工場での製造など、テレワークが不可能な業務を伴う職種であっても、業務内容を細かく棚卸ししてみると、報告書作成など一部テレワークが可能な業務が見つかる場合もあります。職種によって対象者を絞り込む前に、本当にその職種では一切テレワークできないのかを今一度検討してみてください。

～アレンジ例2（育児・介護の場合に限定）～

　育児や介護の都合でオフィスに出社できない従業員を就業継続させることを目的としてテレワークを導入するときには、以下のような条件を追加し、さらに対象者を絞り込みます。

> ⑥　育児又は介護の都合により、所属事業場への出社が困難であること

第2項について

　第2項は、非常時限定のテレワーク対象者についての規定です。天災事変、感染症の流行、交通障害等の非常時においては、第1項各号に定める細かい条件は一旦横に置いておき、安全配慮の観点から必要な場合には柔軟にテレワーク勤務を許可できるようにしたほうが良いと考え、第2項を定めました。

　もっとも、これはあくまで非常時限定のテレワーク勤務ですので、第2項なお書きにおいて、非常事態が終了した時点でテレワーク勤務の対象者から除外され、テレワーク勤務が終了となることを明確にしました。

第4条（申請手続等）

1　テレワーク勤務を希望する従業員は、テレワーク勤務開始希望日の○週間前までに、次の各号の書類を所属長に提出しなけなければならない。

① 　テレワーク勤務許可申請書

② 　勤務環境チェックシート（在宅勤務又はサテライトオフィス勤務の場合のみ)

③ 　サテライトオフィス概要報告書（サテライトオフィス勤務の場合のみ)

2　会社は、前項各号の書類の内容、及び従業員の勤務成績、勤務態度、能力等を勘案し、テレワーク勤務を認めることが適切と判断した場合には、テレワーク勤務を許可するものとする。なお、会社は、業務上その他の事由により、当該許可を取り消すことがある。

3　前項によりテレワーク勤務の許可を受けた者がテレワーク勤務を実施する場合は、その都度、原則として実施希望日の前日までに、会社所定の方法で所属長に連絡し、所属長の事前承認を得なけなければならない。ただし、労働契約上テレワーク勤務を常態とする者、及び営業職等で所属事業場外での業務が常態として発生しモバイル勤務をすることが業務上必要と会社から認められた者についてはこの限りでない。

4　第1項各号の書類の内容に変更が生じた場合には、従業員は、当該変更が生じた日から1週間以内に変更事項を所属長に届け出なければならない。

5　前項の場合、会社は第2項なお書きに基づき、変更事項をふまえてテレワーク勤務の許可を取り消すか否かの判断を行う。

《解説》

第1項について

　第1項は、テレワーク勤務を希望する従業員に対して、会社がテレワーク勤務を許可するか否かを判断するために必要な書類の提出を義務付ける規定です。

　第1号から第3号までの書類には、次のような意義があります。

①テレワーク勤務許可申請書	入社年月日、希望するテレワーク形態、テレワーク可能な業務、テレワーク勤務を希望する理由等を確認することにより、第3条第1項第1号及び第2号の要件に該当するかの判断材料として使用します。 また、会社の強制ではなく、従業員本人の希望に基づきテレワーク勤務をさせたことの証拠にもなります。 （書式例は173頁参照）
②勤務環境チェックシート	作業環境・セキュリティ環境・同居者の理解の有無を確認することにより、第3条第1項第3号及び第4号の要件に該当するかの判断材料として使用します。 また、会社が安全配慮義務を尽くしたことやセキュリティ対策を講じたことの証拠にもなります。 （書式例は175頁参照）
③サテライトオフィス概要報告書	サテライトオフィスに関する詳細情報を報告させることにより、会社が当該サテライトオフィスについて②勤務環境チェックシートの内容の正確性を確認することが可能になります。 また、サテライトオフィスの利用料金の全部又は一部を会社が負担する場合には、料金プランや解約条件についてもこの書類で確認します。 （書式例は177頁参照）

第2項について

> 2　会社は、前項各号の書類の内容、及び従業員の勤務成績、勤務態度、能力等を勘案し、テレワーク勤務を認めることが適切と判断した場合には、テレワーク勤務を許可するものとする。なお、会社は、業務上その他の事由により、当該許可を取り消すことがある。

　第2項は、会社によるテレワーク勤務の許可について定めた規定です。

　このなかで非常に重要なのがなお書き部分です。一度はテレワーク勤務を許可してみたものの、実際にテレワーク勤務をさせてみたら業務を円滑に遂行できなかったり、作業環境やセキュリティ環境等に問題が見つかったりすることはあり得ます。そのような場合、まずは上司から指導を行うなどして改善の機会を与えるべきですが、それでも改善しない場合に備えて、会社としては許可を取り消すことが可能な制度にしておかなければなりません。

第3項について

> 3　前項によりテレワーク勤務の許可を受けた者がテレワーク勤務を実施する場合は、その都度、原則として実施希望日の前日までに、会社所定の方法で所属長に連絡し、所属長の事前承認を得なけなければならない。ただし、労働契約上テレワーク勤務を常態とする者、及び営業職等で所属事業場外での業務が常態として発生しモバイル勤務をすることが業務上必要と会社から認められた者についてはこの限りでない。

　第3項は、テレワーク勤務の許可を受けた従業員が、実際にテレワーク勤務を行う場合には、その都度所属長に連絡をして事前承認

を得なければならないという規定です。第2項との違いが少しわかりづらいかもしれませんが、第2項はある従業員にそもそもテレワーク勤務をさせてよいかという話であるのに対して、第3項はある特定の日にテレワーク勤務をさせてよいかという話です。

　所属長への連絡のタイミングについては自社の方針に即してアレンジ可能ですが、実施希望日の何日も前としてしまうと機動性が失われますし、他方であまりに直前としてしまうと所属長が事前承認するのが困難となります。そこで、本規程例では「原則として実施希望日の前日まで」としています。気象・交通の状況や、子供の体調不良など、当日の朝にならないとテレワークの要否を判断できないような場合に限り、例外的に当日の連絡を認めることを想定しています。

　所属長への連絡方法については、「会社所定の方法」としています。実務では電子メールやチャットで連絡をさせる会社が多いようです。連絡内容については、所属長が承認するか否かを判断するのに必要な情報を記載してもらう必要があります。スケジュール的に問題がないかを確認するだけで良いのであればテレワーク勤務の実施希望日時だけを連絡してもらえば足りるでしょう。他方、テレワーク勤務で生産性が上がる業務を行う場合にのみテレワーク勤務を承認するのであれば、実施希望日時だけでなく実施予定業務まで連絡してもらう必要があります。この点については、テレワークの導入目的次第ですので、自社に合った運用方法を検討してみてください。

　なお、テレワーク勤務がほぼ毎日、というような従業員についてもこの連絡と事前承認が必要としてしまうと、その従業員にとっても所属長にとっても非常に煩雑なことになってしまいますので、第3項但書では、そのような従業員については連絡と事前承認は不要としています。

第4項・第5項について

> 4　第1項各号の書類の内容に変更が生じた場合には、従業員は、当該変更が生じた日から1週間以内に変更事項を所属長に届け出なければならない。
>
> 5　前項の場合、会社は第2項なお書きに基づき、変更事項をふまえてテレワーク勤務の許可を取り消すか否かの判断を行う。

　第4項は、在宅勤務の許可申請後に子供が生まれ、在宅勤務の時間帯に子供が自宅にいる状況になった場合など、許可申請時に申請した内容とは異なる状況となった場合に、その旨を所属長に届け出ることを義務付ける規定です。第5項では、その届出内容次第では、会社がテレワーク勤務の許可を取り消す可能性があることを明確にしています。

> ### 第5条（テレワーク勤務命令）
>
> 1　前2条の規定にかかわらず、天災事変、感染症の流行、交通障害その他の事由により、テレワーク勤務が必要であると会社が判断した場合には、会社は従業員に対してテレワーク勤務を命じることができる。なお、テレワーク勤務を命じられた従業員は、正当な理由がない限りこれを拒否することはできない。
>
> 2　従業員は、前項のテレワーク勤務に関して、会社所定の期日までに勤務環境チェックシートを所属長に提出し、かつ、テレワーク勤務時に確実に連絡がとれる電話番号を所属長に届け出なければならない。ただし、モバイル勤務の場合には、勤務環境チェックシートの提出は不要とする。

3　前項に基づき提出した勤務環境チェックシートの内容に変更が生じた場合には、従業員は、当該変更が生じた日から1週間以内に変更事項を所属長に届け出なければならない。

　第5条は、テレワーク勤務を希望しない従業員に対して、会社からの業務命令でテレワーク勤務をさせる場合についての規定です。

　前述のとおり、テレワーク勤務命令は出張命令の一種であると考えられるため、就業規則本体に会社の出張命令権が定められていれば、その規定に基づいてテレワーク勤務を命じることは可能でしょう。しかしながら、労使トラブルを予防するという観点からは、より明確にテレワーク勤務を命じることができると定めておくべきです。

　会社の法的リスク予防の観点からは、在宅勤務やサテライトオフィス勤務を会社が命じる場合には、事前に勤務場所の作業環境やセキュリティ環境、同居者の理解の有無などを会社が確認しておくべきです。そこで、第2項では従業員に勤務環境チェックシート（175頁参照）の提出を義務付けています。

　勤務環境チェックシートを提出させた結果、作業に適した机や椅子等の備品がない、セキュリティ対策が万全でないなどの問題が判明した場合には、会社としては可能な限りその問題を解決してからテレワーク勤務を命じるべきです。

　もし、作業環境やセキュリティ環境が整っていない状態でテレワーク勤務を命じてしまうと、万一テレワーク中に労働災害が発生したり、情報流出などの重大な情報セキュリティ事故が発生したりした場合には、会社は損害賠償責任を問われかねませんし、情報流出の場合には会社の信用が失墜するリスクもあります。

　また、在宅勤務について家族の理解や協力が得られない従業員が

いる場合には、そのまま在宅勤務をさせてしまうと、勤務中に幼い子供に仕事を邪魔されたり、夫婦間で家庭不和が発生するなどして従業員の生産性が低下しかねません。そのような従業員については、例外的に所属事業場への出社を認めるか、自宅最寄りのサテライトオフィスで勤務させるといった代替策を検討すべきでしょう。

第6条（服務規律）

　テレワーク勤務に従事する者（以下、「テレワーク勤務者」という。）は本則第○章に定めるもののほか、次に定める事項を遵守しなければならない。

① 　テレワークセキュリティ規程を遵守し、情報漏えい等のセキュリティ事故が発生しないよう細心の注意を払うこと

② 　テレワーク勤務中は業務に専念すること

③ 　第4条第2項に基づき会社からテレワーク勤務を許可された場所又は第5条第1項に基づき会社からテレワーク勤務を命じられた場所以外では業務を行わないこと

④ 　在宅勤務又はサテライトオフィス勤務の場合には、勤務環境チェックシート記載の注意事項を遵守すること

⑤ 　サテライトオフィス勤務の場合には、サテライトオフィスの利用規約を遵守すること

　第6条では、就業規則本体にある服務規律とは別に、テレワーク勤務特有の服務規律を定めています。

第1号について

　テレワーク勤務の服務規律で最も重要なのがセキュリティに関するルールを守らせることです。このルールはできる限り具体的かつ網羅的である必要があるため、別途テレワークセキュリティ規程と

してまとめたほうが良いでしょう（テレワークセキュリティ規程例は203頁以降参照）。

第2号について

　特に在宅勤務の場合、プライベート環境である自宅等で業務を行うことになることから、勤務時間中に洗濯物を取り込んだり、炊飯器にお米をセットしたりといった家事をついやりたくなってしまう従業員もいるかもしれません。

　しかしながら、従業員が勤務時間中にこのような私用を行うことは、労務提供義務に違反する行為であり、会社がこれを許容する必要はありません。

　そこで、第2号では、テレワーク勤務中は業務に専念しなければならないことを明確にしています。

　なお、会社によっては、数分で済む私用については、トイレに行くことと同様に考え、休憩時間ではなく勤務時間中に行っても良いとしているところもあります。

第3号について

　テレワーク勤務許可の場合にはテレワーク勤務許可申請書（173頁参照）に記載した実施場所、テレワーク勤務命令の場合には会社からテレワーク勤務を命じられた場所以外では業務を行ってはならない旨を定めています。

　当たり前のルールではありますが、テレワーク勤務では従業員が目の届かない場所にいることから、会社としてはこのルールの違反を把握するのは困難です。そこで、従業員本人にルールを守る意識を強く持ってもらうことが重要であると考え、あえてルールを明文化しています。

第4号について

在宅勤務又はサテライトオフィス勤務について、勤務環境チェックシートでは以下のような注意事項にチェックをしてもらうようにしています。

注意事項	□ 椅子に深く腰かけ背もたれに背を十分にあて、足裏全体が床に接した姿勢で作業する □ PCやモニターの画面とおおむね40cm以上の視距離を確保する □ 1時間に1回程度、少し外の景色を眺めたり立ち上がってストレッチをする等、眼精疲労や肩こり・腰痛等を予防するよう努める

第4号は、服務規律として、従業員にこれらの事項を遵守する義務があることを定めた規定です。

第5号について

サテライトオフィス勤務の場合、利用するサテライトオフィスには通常独自の利用規約があることでしょう。

会社がサテライトオフィスの利用契約の当事者となる場合、実際に利用する従業員が利用規約に違反してしまうと、契約上、会社がその責任を負うことになります。

そこで第5号では、サテライトオフィスの利用規約を遵守することを従業員に義務付けています。

第7条（労働時間）

1　テレワーク勤務時の労働時間については、本則第○条の定めるところによる。

> 2 　前項にかかわらず、会社は、業務の必要性がある場合、前
> 　　項の始業・終業時刻を繰り上げ、又は繰り下げることがある。

第1項について

　第1項では、テレワーク勤務時にどのような労働時間制度を適用するのかを規定します。規程例においては、テレワーク勤務時にもオフィス勤務時と同じ労働時間制度を適用するというケースを想定し、就業規則本体の労働時間に関する条文を引用しています。

　それでは、テレワーク勤務時にオフィス勤務時とは異なる労働時間制度を適用したい、という場合はどうすれば良いでしょうか。

　56頁以降において、テレワーク勤務であっても、労働基準法で定められた以下の労働時間制度のいずれについても適用できる可能性がある旨を説明しました。

> ①　通常の労働時間制度（1日8時間・1週40時間以内）
> ②　変形労働時間制
> ③　フレックスタイム制
> ④　裁量労働制
> ⑤　事業場外みなし労働時間制

　テレワークの特性をふまえると、オフィス勤務時には①通常の労働時間制度を適用しているけれども、テレワーク勤務時には③フレックスタイム制又は⑤事業場外みなし労働時間制を適用したい、というケースが想定されます。

　まず、テレワーク勤務時の③フレックスタイム制の適用について考えてみます。

　そもそもフレックスタイム制を導入する際には、以下の事項を定めた労使協定を締結する必要があります。

① 対象となる労働者の範囲
② 清算期間
③ 清算期間における総労働時間（清算期間における所定労働時間）
④ 標準となる1日の労働時間
⑤ コアタイム（※任意）
⑥ フレキシブルタイム（※任意）

　フレックスタイム制を適用すると、この労使協定で定めた清算期間において、実労働時間が総労働時間に達しているかどうかを基準に、時間外労働のカウントや賃金控除などを行うことになります。

　したがって、たとえば週に1回テレワーク勤務をする場合など、テレワーク勤務がピンポイントで行われる場合には、テレワーク勤務日のみフレックスタイム制を適用することはできません。

　他方、感染症対策などのため、1か月間毎日終日テレワーク勤務をさせるような場合には、その期間限定でフレックスタイム制を適用することは可能です。なお、フレックスタイム制を導入する際には、厚生労働省の「フレックスタイム制のわかりやすい解説＆導入の手引き」などを参考に、適法に導入できるよう細心の注意を払ってください。

～アレンジ例1（テレワーク勤務時のみフレックスタイム制適用）～

第7条（労働時間）
1　テレワーク勤務時の労働時間については、本則第○条の規定にかかわらず、会社は、事業場に従業員の過半数で組織する労働組合がある場合においてはその労働組合、従業員の過半数で組織する労働組合がない場合においては従業員の過半

数を代表する者と、労働基準法第32条の3に基づき、次の事項を定めた労使協定を締結して、始業及び終業の時刻を従業員の自主的決定に委ねるものとする。

① 対象となる従業員の範囲
② 清算期間
③ 清算期間における総労働時間
④ 標準となる1日の労働時間
⑤ コアタイムを定める場合には、その開始・終了時刻
⑥ フレキシブルタイムを定める場合には、その開始・終了時刻

2 前項の場合、締結した労使協定を本規程に添付して本規程の一部とし、本規程に定めのない事項は、当該協定の定める内容によるものとする。

※フレックスタイム制は、始業・終業時刻を従業員が自主的に決定できる制度であるため、会社による始業・終業時刻の繰り上げ・繰り下げの規定を入れてはいけません。

次に、⑤事業場外みなし労働時間制の適用について考えてみます。

事業場外みなし労働時間制は、「労働者が労働時間の全部又は一部について事業場外で業務に従事した場合において、労働時間を算定し難いときは」一定の労働時間労働したものとみなす制度です（労働基準法第38条の2）。

したがって、フレックスタイム制とは異なり、テレワーク勤務がピンポイントで行われる場合であっても、当該テレワーク勤務日についてのみ事業場外みなし労働時間制を適用することは可能です。ただし、68頁以降で述べたとおり、事業場外みなし労働時間制を適用するための要件は厳しく、適用できる場合はかなり限定されます

のでご注意ください。

～アレンジ例２（テレワーク勤務時のみ事業場外みなし労働時間制適用）～

> **第７条（労働時間）**
>
> 　テレワーク勤務時の労働時間については、本則第○条の規定にかかわらず、事業場外みなし労働時間制を適用し、所定労働時間労働したものとみなす。
>
> > ※事業場外みなし労働時間制は、そもそも労働時間の算定が困難であることを理由に一定時間労働したものとみなす制度ですので、始業・終業時刻の繰り上げ・繰り下げの規定を入れる必要はありません。

　このように、一定の場合にはテレワーク勤務時のみ異なる労働時間制度を適用することも不可能ではないのですが、手続と運用の煩雑さや適用が否定される法的リスクを考えると、やはりテレワーク勤務時もオフィス勤務時と同じ労働時間制度を適用したほうが良いと考えます。

第２項について

> 　２　前項にかかわらず、会社は、業務の必要性がある場合、前項の始業・終業時刻を繰り上げ、又は繰り下げることがある。

　通常の労働時間制度を適用する場合、始業・終業時刻の繰り上げや繰り下げを行うためには就業規則にこのような規定を置いておく必要があります。

　多くの場合、就業規則本体のなかに既にこのような規定がありますので、その場合はテレワーク勤務規程で別途規定する必要はあり

ません。

第8条（休憩時間）

1　テレワーク勤務者の休憩時間については、雇用契約書に記載された分数の休憩時間（以下、「雇用契約書上の休憩時間」という。）を次の各号に従い取得させるものとし、一斉休憩を付与しない。

①　休憩時間のうち30分は、11時30分から13時30分までの間に連続して取得するものとする。

②　休憩時間のうち前号の30分を除いた時間は、各従業員の判断により、労働時間の途中の任意の時間帯に取得するものとする。なお、当該休憩時間を任意の回数に分割して取得することも可能とする。

2　テレワーク勤務者は、事前に所属長の許可を得たうえで、雇用契約書上の休憩時間とは別に、私用による中抜けのための休憩時間を取得することができる。なお、当該休憩時間については無給とする。

3　従業員は前2項の休憩時間の開始前に、休憩開始予定時刻及び休憩分数を会社所定の方法で連絡しなければならない。

第1項について

　テレワーク勤務時において、オフィス勤務時とは異なり、休憩時間を、任意の時間帯に任意の回数に分けて取得することを可能にしたい場合、テレワーク勤務規程にこのような規定を置く必要があります。

　また、一斉休憩の原則の適用除外に関する労使協定を別途労使間で締結しなければなりません（協定書例については83頁参照）。

　他方、テレワーク勤務時にもオフィス勤務時と同じように休憩を

取得させたいという場合には、次のように規定すれば足ります。

～アレンジ例（オフィス勤務時と同じルールにする場合）～

> **第8条（休憩時間）**
>   テレワーク勤務者の休憩時間については、本則第○条の定めるところによる。

第2項について

　第2項は、テレワーク勤務者について、所定の休憩時間とは別に、所属長の事前許可を得たうえで私用による中抜けのための休憩時間を追加で取得することを認める規定です。

　また、ノーワーク・ノーペイの原則により、追加で取得した休憩時間については無給とする旨を定めています。

第3項について

　第3項は、休憩を柔軟に取得させる場合のマネジメントを容易にするための規定です。具体的なマネジメント方法については、84頁以降をご参照ください。

> **第9条（所定休日）**
>   テレワーク勤務者の休日については、本則第○条の定めるところによる。

　多くの場合、テレワーク勤務であっても休日はオフィス勤務と同様であるため、ここでは就業規則本体の条文を引用しています。

> **第10条（時間外・休日・深夜労働）**

> 1　テレワーク勤務者が１日あたり２時間を超える時間外労働
> 　を行う場合には、事前に所属長の許可を得なければならない。
> 　ただし、会社から時間外労働を命じられた場合はこの限りで
> 　ない。
> 2　テレワーク勤務者の休日労働及び深夜労働は原則禁止とす
> 　る。ただし、事前に所属長の許可を得た場合、及び会社から
> 　休日労働又は深夜労働を命じられた場合はこの限りでない。

　テレワーク勤務における長時間労働の防止策の１つとして、１日あたり２時間を超える時間外労働、及び休日・深夜労働は所属長の事前許可がなければできないというルールを設定しています。

　モデル就業規則では、休日労働や深夜労働だけでなく時間外労働も原則禁止としていますが、長時間労働にならない程度の時間外労働は柔軟にできるようにしておかなければ、「時間外労働ができないのは不都合だからテレワーク勤務はやりたくない」ということになりかねません。

　そこで、時間外労働については１日あたり２時間以内であれば、所属長の事前許可なく行うことができるよう規定しました。

　なお、フレックスタイム制を適用する場合には、時間外労働は１日単位ではなく、清算期間単位で考えることになります。したがって、第10条第１項は次のように規定すると良いでしょう。

〜アレンジ例（フレックスタイム制を適用する場合）〜

> 1　テレワーク勤務者が１日あたり○時間を超える労働を行う
> 　場合、又は、清算期間あたり○時間を超える時間外労働を行
> 　う場合には、事前に所属長の許可を得なければならない。た
> 　だし、会社から当該労働を命じられた場合はこの限りでない。

第11条（始業・終業時刻の確認）

1　テレワーク勤務者は、始業時及び終業時に、所属長に対して電子メールを送信しなければならない。

2　会社は、前項の電子メールが送信された時刻をそのまま始業・終業時刻として記録する。

　多くのテレワーク導入企業では、電子メールにより始業・終業時刻を確認しているようですので、規程例では電子メールによる方法を規定しました。

　第2項では、厚生労働省の「労働時間の適正な把握のために使用者が講ずべき措置に関するガイドライン」にいう「客観的な記録を基礎として確認」する方法をとることを明確にするために、電子メールの送信時刻をそのまま記録する旨を定めています(78頁以降参照)。

第12条（業務報告）

　テレワーク勤務者は、会社所定の方法により業務報告をしなければならない。

　業務報告の必要性については、テレワーク勤務の場合でもオフィス勤務の場合でも違いはありません。

　しかしながら、テレワーク勤務では、上司から部下への気軽な声掛けがしづらい分だけ、業務報告をさせやすくする制度上の工夫が必要です。

　多くの企業では、電子メール等の方法により、始業時にその日の業務予定を連絡させ、終業時にその日の業務結果を報告させる体制をとっています。ここで、詳細に業務報告をさせようとすると業務報告の作成に多くの時間をとられることになりますし、他方、簡単な業務報告で良いことにしてしまうと、管理職によるマネジメント

の参考にならなくなってしまいます。

「会社所定の方法」を具体的にどのような方法とするのが良いかは、223頁以降で詳しく説明します。

第13条（連絡体制）

テレワーク勤務時における連絡体制は次の各号のとおりとする。

① 事故・トラブル発生時には所属長に連絡すること。なお、所属長が不在の場合は所属長が指名した代理の者に連絡すること。

② 社内における従業員への緊急連絡事項が生じた場合、テレワーク勤務者へは所属長が連絡すること。

③ 情報通信機器に不具合が生じ、緊急を要する場合は、情報システム担当者へ連絡をとり指示を受け、事後速やかに所属長に報告すること。

④ 前各号以外の緊急連絡の必要が生じた場合は、前各号に準じて判断し対応すること。

テレワーク勤務の場合には、物理的に所属長と離れた場所で業務を行うことになりますので、緊急事態が発生した場合にどのような連絡体制をとるかも事前に決めておく必要があります。

社内のコミュニケーションをチャットで行っている場合、緊急連絡もチャットで行うことが考えられますが、チャットで応答がない場合には、電話で連絡をとりたいというケースもあるでしょう。

この点に関して、モデル就業規則には「在宅勤務者は不測の事態が生じた場合に確実に連絡がとれる方法をあらかじめ所属長に連絡しておくこと」という規定があります。しかしながら、本規程例では、第4条第1項第1号所定のテレワーク勤務許可申請書の提出、

又は第5条第2項の規定により、テレワーク勤務時に確実に連絡がとれる電話番号を所属長に連絡することを義務付けていますので、この規定は割愛しています。

第14条（機器等の準備）

1　テレワーク勤務時に使用する機器等の準備については、次の各号に定めるとおりとする。

① パソコンについては、会社が従業員に対して無償で貸与する。

② インターネット環境のない場所でテレワーク勤務を行う従業員に対しては、会社からモバイルルーターを無償で貸与する。

③ 携帯電話については、従業員の私物スマートフォンに会社指定のIP電話アプリをインストールし、業務に必要な通話はIP電話の番号を使用して行うものとする。なお、従業員がスマートフォンを所有していない場合には、会社から携帯電話を無償で貸与する。

④ プリンター及びスキャナーについては、従業員の私物を使用するものとする。なお、従業員がプリンター又はスキャナーを所有していない場合には、原則として、最寄りのコンビニエンスストアのマルチコピー機を使用するものとする。

⑤ 机、椅子及びモニターについては、従業員の私物を使用するものとする。なお、従業員が業務に適した机又は椅子、若しくはモニターを所有していない場合には、会社から机、椅子又はモニターを無償で貸与する。

2　前項に基づき、会社から物の貸与を受けた従業員は、当該

> 物を善良なる管理者の注意をもって管理するとともに、テレワーク勤務の許可を取り消された時又は会社との労働契約が終了した時には会社の指示に従い速やかに会社に返却又は廃棄しなければならない。なお、返却又は廃棄に必要な費用は会社が負担する。

　第14条では、121頁以降の内容をふまえ、テレワーク勤務時に使用する機器等をどのように準備するかや会社が貸与する場合のルールを定めています。

第15条（費用負担）

　テレワーク勤務時に発生する費用の負担については、次の各号に定めるとおりとする。

① 　インターネットの利用料金は従業員負担とする。ただし、会社貸与のモバイルルーターを使用する場合には、会社負担とする。

② 　IP電話又は会社貸与の携帯電話の利用料金は会社負担とする。

③ 　私物プリンターを使用する場合のインクカートリッジの購入費用は従業員負担とする。

④ 　コンビニエンスストアのマルチコピー機を使用する場合の使用料金については会社負担とする。

⑤ 　水道光熱費は従業員負担とする。

⑥ 　消耗品費及び郵送費は会社負担とする。

⑦ 　サテライトオフィスの利用料金は原則として会社負担とする。

⑧ 　前各号以外の費用については、特に労使間で合意がない限り、従業員負担とする。

第15条では、121頁以降の内容をふまえ、テレワーク勤務時の費用負担について定めています。

第16条（賃金）

1　テレワーク勤務者の賃金については、本条に定めるものを除き、賃金規程の定めるところによる。

2　所属事業場への出社日数が月〇日以下である場合には、通勤手当は、定期代相当額ではなく、所属事業場への出社日数に往復の交通費を乗じた金額を支給する。

3　会社は、各従業員が1日あたり4時間以上の在宅勤務を行った日数（以下、本条において「在宅勤務日数」という。）を下表の集計期間ごとに集計し、当該日数に在宅勤務手当の単価を乗じた金額を、下表の支給日に支給する。なお、在宅勤務手当の単価は、従業員ごとに定め、書面にて各従業員に通知する。

集計期間	支給日
1月1日〜3月31日	4月〇日
4月1日〜6月30日	7月〇日
7月1日〜9月30日	10月〇日
10月1日〜12月31日	1月〇日

4　前項の集計期間の途中で会社との労働契約が終了する従業員については、当該契約終了日までの期間の在宅勤務日数を集計したうえで、当該契約終了日の属する月の翌月〇日に在宅勤務手当を支給するものとする。

第1項について

116頁以降で説明したとおり、就業規則の変更によって労働条件を労働者にとって不利益に変更するためには、その変更内容が合理

的である必要があります。

　したがって、合理的な理由がないにもかかわらず、単にテレワーク勤務だからといって基本給や諸手当を減額することはできません。

　そこで、第１項では、原則として賃金は賃金規程通り支給することを定めています。

第２項について

　もっとも、終日テレワーク勤務を行う場合には、オフィスへの通勤が不要となります。したがって、たとえば１か月分の定期代相当額を通勤手当として毎月支給しているような会社では、テレワーク勤務が多い従業員については実際に出社した日の交通費の実費分を支払うという方法に変更することは合理的であると言えます。

　そこで、第２項では、オフィスへの出社日数が一定日数以下である場合については、実際に通勤に要した交通費の実費相当額を支給する旨を規定しました。

　定期代支給よりも実費支給のほうが安くなる出社日数は従業員ごとに異なるでしょうが、従業員が一定数いるような会社においては、それを従業員ごとに管理するのは煩雑です。そこで規程例においては、一定の日数をボーダーとし、オフィスへの出社日数がそれ以下であれば実費支給とするルールにしています。

～アレンジ例～

　従業員が数人しかいない場合など、定期代支給と実費支給のいずれが安価であるかを従業員ごとに管理できるのであれば、第２項は以下のように規定すると良いでしょう。

> 　２　テレワーク勤務者の通勤手当については、賃金計算期間における所属事業場への出社日数をふまえ、次の各号のいずれ

第４章　テレワーク勤務規程例の逐条解説と各種書式例

167

か安いほうの金額を支給する。

①　所属事業場への出社日数に往復の交通費を乗じた金額

②　1か月分の定期代相当額

第3項・第4項について

　第3項及び第4項では、在宅勤務時に従業員が負担する費用を補助するための在宅勤務手当について定めました。

　在宅勤務手当の単価については、本規程例第15条（165頁参照）の定めをもとに具体的にどのような費用負担が発生するかをふまえ、従業員各人別に決定すべきです。

　具体的には、以下の点などをふまえて金額を決定する必要があります。

●インターネットの利用料金は従業員負担であるか否か。従業員負担の場合、従業員が個人で加入しているプランをふまえるとどれくらいの費用負担が発生するか。

●私物プリンターを業務で使用する頻度・量はどれくらいか。

●テレワーク勤務時間帯における光熱費はどれくらいか（自宅等の所在エリアや季節をふまえて検討する必要があります）。

　決定した在宅勤務手当の単価については、書面など証拠が残る方法で従業員に通知するようにしてください。

【通知書面の記載例】

1、在宅勤務手当の金額

　在宅勤務手当として、1日あたり4時間以上の在宅勤務を行った日について1日あたり〇円を支給する。

2、在宅勤務手当の支給方法

　在宅勤務手当は、下表に定める集計期間ごとに上記の在宅勤

務を行った日数（以下、「在宅勤務日数」という。）を集計し、
下表に定める支給日に支給するものとする。

集計期間	支給日
1月1日～3月31日	4月○日
4月1日～6月30日	7月○日
7月1日～9月30日	10月○日
10月1日～12月31日	1月○日

　なお、集計期間の途中で会社との労働契約が終了する場合に
は、当該契約終了日までの期間の在宅勤務日数を集計したうえ
で、当該契約終了日の属する月の翌月○日に在宅勤務手当を支
給する。

　本規程例において、在宅勤務手当を毎月支給ではなく3か月ごと
に支給することにしているのは、在宅勤務手当を割増賃金の算定基
礎賃金から除外するためです（134頁以降参照）。

　このような制度設計にする場合には、期間の途中で退職するとき
の扱いをどうするかを定めておく必要があります。

　著者としては、在宅勤務手当は在宅勤務に伴って実際に発生する
費用を補助するための手当であることから、たとえ集計期間の途中
で退職する場合であっても、在宅勤務を行った日数については手当
が支払われるべきと考えます。そこで、第4項では、退職日までの
期間で集計し、退職月の翌月に在宅勤務手当を支給すると規定しま
した。

～アレンジ例（一時金を支給する場合）～

　本規程例では、机・椅子・モニター等について従業員の私物で賄
えない場合には会社から貸与するという建て付けをとっていますが、
会社によっては一時金を支給して従業員に好きな物を買ってもらう

という方針をとるところもあるでしょう。

　その場合には本規程例第16条の末尾に以下のような条文を追加してください。

　5　従業員がテレワーク勤務を実施する場合には、初回のテレワーク勤務日が属する賃金計算期間の賃金支給日に、テレワーク勤務環境整備のための一時金として○円を支給する。

　一時金の金額をどうするかについては、129頁以降の内容をふまえてご検討ください。

第17条（教育訓練）
　1　会社は、テレワーク勤務者及び同者を管理する立場にある者その他会社が必要と判断する者に対して、テレワーク勤務及びその管理に必要な知識、技能を高め、資質の向上を図るため、必要な教育訓練を行う。
　2　前項所定の者は、会社から教育訓練を受けるよう指示された場合には、正当な理由がない限りこれを拒否することはできない。

　テレワーク導入を成功させるためには、テレワーク勤務者及びその上司や同僚に対して、テレワーク勤務及びその管理に関する教育訓練をしっかりと行うことが肝心です。

　教育訓練の内容については、51頁以降をご参照ください。

第18条（災害補償）
　テレワーク勤務者が業務中に災害に遭ったときは、本則第○章の定めるところによる。

テレワーク勤務中の労働災害について、就業規則本体の災害補償の規定に従って補償を行うことを明確にしています。

第19条（安全衛生）
1　会社は、テレワーク勤務者の安全衛生の確保及び改善を図るため必要な措置を講ずる。
2　テレワーク勤務者は、安全衛生に関する法令等を守り、会社と協力して労働災害の防止に努めなければならない。

　テレワーク勤務者の安全衛生について特に必要な措置がある場合に、それを可能にするための規定です。

第20条（改廃）
　本規程は、関係諸法令の改正並びに会社の状況及び業績等の変化により必要があるときは、改定又は廃止することがある。

　テレワーク勤務規程を改廃する可能性があることを定めています。

第21条（施行期日）
　本規程は、○年○月○日より施行する。

　規程の末尾に、施行日を記載してください。

　テレワーク勤務規程例の逐条解説は以上となります。
　本書を参考に自社のテレワーク勤務規程ができ上がりましたら、就業規則本体及びテレワークセキュリティ規程（203頁以降参照）とともに以下の手続きを忘れずに行ってください（労働基準法第89条、第90条、第106条第1項）。

- 労働者代表からの意見聴取
- 所轄の労働基準監督署長への届出
- 労働者への周知

02 テレワーク勤務規程に関連する書式

　前項でテレワーク勤務規程例について説明してきましたが、ここで関連する書式のひな型を掲載します。

【書式例：テレワーク勤務許可申請書】

　　　　　　　　　　　　　　　　　　　　　　年　　　月　　　日

株式会社○○
代表取締役　　○○ ○○ 殿

　　　　　　　　　　　　申請者　氏名：　　　　　　　　　　　㊞
　　　　　　　　　　　　　　　　所属部署：
　　　　　　　　　　　　　　　　従業員番号：
　　　　　　　　　　　　　　　　入社年月日：　　　年　　　月　　　日

　　　　　　　　　　　テレワーク勤務許可申請書

　私は、テレワーク勤務の対象者となることを希望し、以下のとおり申請いたします。テレワーク勤務にあたっては、テレワーク勤務規程、テレワークセキュリティ規程、就業規則その他諸規程を遵守いたします。

１、希望するテレワークの形態（複数希望可）
　　□ 在宅勤務
　　　→実施場所：□ 自宅　□ 自宅以外（　　　　　　　　　　）

173

☐ モバイル勤務

→実施場所：_____

☐ サテライトオフィス勤務

→実施場所：_____

2、自己の業務のうちテレワーク可能な業務

☐ 全ての業務　☐ 一部の業務（　　　　　　　　　　　　　　　）

3、テレワーク勤務開始希望日　　　　　　　　年　　　月　　　日

4、テレワーク勤務を希望する理由（具体的に記入すること。）

5、テレワーク勤務時の連絡先

TEL１：_____

TEL２：_____

所属長	代表取締役
年　月　日	年　月　日
許可・不許可	許可・不許可

【書式例：勤務環境チェックシート】

勤務環境チェックシート

チェック対象場所：＿＿＿＿＿＿＿＿＿＿＿＿＿＿＿＿＿＿＿

第1、作業環境について

あなたが勤務する部屋の作業環境について、該当項目にチェックを入れてください。

空間の広さ	☐ 設備の占める容積を除き、10㎡以上の空間がある
窓	☐ 窓などの換気設備がある ☐ 窓にブラインドやカーテンが設置されている 　（※ディスプレイに太陽光が入射する場合は要設置）
椅子	☐ 脚にキャスターが付いている ☐ 安定していてぐらつかない ☐ 座面の高さを調整できる ☐ 背もたれの傾きを調整できる ☐ 肘掛けがある
机	☐ 必要なものが配置できる広さがある ☐ 作業中に足が窮屈でない空間がある ☐ 体型に合った高さである、又は高さの調整ができる
使用するPC等	☐ PCに接続可能なモニターが用意されている ☐ PCやモニターの画面の照度を500ルクス以下となるよう設定している ☐ PCやモニターの画面の輝度やコントラストを調整できる ☐ 操作に不都合のないマウスが用意されている
照明	☐ 机上の照度は300ルクス以上である
室温・湿度	☐ エアコン等を設置しており、室温を17℃～28℃に保つことができる ☐ エアコン等の風は直接、継続して自分自身に当たらないように設定できる ☐ エアコンや加湿器等を設置しており、部屋の湿度を40%～70%に保つことができる
騒音	☐ 業務に支障をきたすような騒音がない
注意事項	☐ 椅子に深く腰かけ背もたれに背を十分にあて、足裏全体が床に接した姿勢で作業する

	☐	PCやモニターの画面とおおむね40cm以上の視距離を確保する
	☐	１時間に１回程度、少し外の景色を眺めたり立ち上がってストレッチをする等、眼精疲労や肩こり・腰痛等を予防するよう努める

※　照度測定のために照度計の貸し出しが必要な場合は所属長に申し出てください。

第２、セキュリティ環境について
　あなたが勤務する部屋のセキュリティ環境について、該当項目にチェックを入れてください。
☐　就業時間中に社外の者が出入りしない場所である
　　→該当する場合はいずれかに丸（ 施錠可・施錠不可 ）
☐　PC等の端末や紙媒体の資料を施錠して保管できる場所（キャビネット棚等）がある
☐　シュレッダーを使用できる、又は機密情報が含まれた紙媒体の資料をテレワーク勤務時に使用しない

第３、同居者の理解について（在宅勤務の場合のみ）
１、在宅勤務の時間帯において、在宅勤務実施場所（自宅等）にあなた以外の同居者が在宅している可能性がありますか？
　　☐ ある　☐ ない
２、上記１で「ある」と答えた方は、在宅している可能性がある同居者について回答してください。

	年齢	あなたの業務遂行を妨げる可能性がありますか？（いずれかに丸）	
同居者１	歳	ある　・	ない
同居者２	歳	ある　・	ない
同居者３	歳	ある　・	ない
同居者４	歳	ある　・	ない
同居者５	歳	ある　・	ない

　　　　　　　　　　　記入日　　　　　年　　月　　日
　　　　　　　　　　　記入者　氏名：＿＿＿＿＿＿＿＿㊞
　　　　　　　　　　　　　　　所属部署：＿＿＿＿＿＿＿
　　　　　　　　　　　　　　　従業員番号：＿＿＿＿＿＿

【書式例：サテライトオフィス概要報告書】

年　　月　　日

株式会社○○
代表取締役　○○ ○○ 殿

報告者　氏名：　　　　　　　　　㊞
　　　　所属部署：
　　　　従業員番号：

サテライトオフィス概要報告書

私が利用を希望するサテライトオフィスの概要は次のとおりです。

名称	
住所	
電話番号	
営業時間	
利用形態	□ スポット利用　　□ 月極利用
利用エリア	□ 個室（施錠可・施錠不可）　□ 共用スペース
電話ブース	□ あり　　□ なし
セキュリティ体制	※入退室管理や監視カメラの設置状況等を記入
利用料金	
解約条件	※月極利用の場合、解約予告は何か月前までに必要か、解約時に違約金等が発生するかを記入
運営企業	

※　施設や制度についての詳細情報がわかる資料（パンフレット等）を添付してください。

【テレワーク勤務規程例】

テレワーク勤務規程

第1条（目的）
　本規程は、株式会社○○（以下、「会社」という。）の就業規則（以下、「本則」という。）第○条に基づき、テレワーク勤務について必要な事項を定めたものである。

第2条（定義）
　本規程でテレワーク勤務とは、次の各号で定める勤務の総称をいう。
①　在宅勤務：従業員の自宅、その他自宅に準じる場所（会社が事前に許可した場所に限る。以下、「自宅等」という。）における情報通信機器を利用した勤務
②　サテライトオフィス勤務：所属事業場以外の会社所有施設又は会社が指定する他社所有の共用施設における情報通信機器を利用した勤務
③　モバイル勤務：所属事業場以外における情報通信機器を利用した勤務のうち、前各号以外の勤務

第3条（対象者）
1　テレワーク勤務の対象者は、本則第○条に規定する従業員であって次の各号の条件を全て満たした者のうち、本人がテレワーク勤務を希望し、かつ第4条第2項に基づき会社がテレワーク勤務を許可した者とする。
①　原則として勤続1年以上であること
②　テレワーク勤務により自己の業務を円滑に遂行できると会社が認める者であること

③　在宅勤務及びサテライトオフィス勤務の場合は、作業環境及びセキュリティ環境が適正であること

④　在宅勤務の場合は、同居者の理解を得られていること

2　前項の規定にかかわらず、天災事変、感染症の流行、交通障害等の非常事態においては、テレワーク勤務の対象者は、本則第○条に規定する従業員であって安全配慮の観点からテレワーク勤務が必要であると会社が認める者のうち、本人がテレワーク勤務を希望し、かつ第4条第2項に基づき会社がテレワーク勤務を許可した者とする。なお、本項に基づきテレワーク勤務の対象者となった者については、前項各号の条件を全て満たしている場合を除き、当該非常事態が終了したと会社が判断した時点においてテレワーク勤務の対象者から除外されるものとする。

第4条（申請手続等）

1　テレワーク勤務を希望する従業員は、テレワーク勤務開始希望日の○週間前までに、次の各号の書類を所属長に提出しなけなければならない。

①　テレワーク勤務許可申請書

②　勤務環境チェックシート（在宅勤務又はサテライトオフィス勤務の場合のみ）

③　サテライトオフィス概要報告書（サテライトオフィス勤務の場合のみ）

2　会社は、前項各号の書類の内容、及び従業員の勤務成績、勤務態度、能力等を勘案し、テレワーク勤務を認めることが適切と判断した場合には、テレワーク勤務を許可するものとする。なお、会社は、業務上その他の事由により、当該許可を取り消すことがある。

3　前項によりテレワーク勤務の許可を受けた者がテレワーク

勤務を実施する場合は、その都度、原則として実施希望日の前日までに、会社所定の方法で所属長に連絡し、所属長の事前承認を得なけなければならない。ただし、労働契約上テレワーク勤務を常態とする者、及び営業職等で所属事業場外での業務が常態として発生しモバイル勤務をすることが業務上必要と会社から認められた者についてはこの限りでない。

4　第1項各号の書類の内容に変更が生じた場合には、従業員は、当該変更が生じた日から1週間以内に変更事項を所属長に届け出なければならない。

5　前項の場合、会社は第2項なお書きに基づき、変更事項をふまえてテレワーク勤務の許可を取り消すか否かの判断を行う。

第5条（テレワーク勤務命令）

1　前2条の規定にかかわらず、天災事変、感染症の流行、交通障害その他の事由により、テレワーク勤務が必要であると会社が判断した場合には、会社は従業員に対してテレワーク勤務を命じることができる。なお、テレワーク勤務を命じられた従業員は、正当な理由がない限りこれを拒否することはできない。

2　従業員は、前項のテレワーク勤務に関して、会社所定の期日までに勤務環境チェックシートを所属長に提出し、かつ、テレワーク勤務時に確実に連絡がとれる電話番号を所属長に届け出なければならない。ただし、モバイル勤務の場合には、勤務環境チェックシートの提出は不要とする。

3　前項に基づき提出した勤務環境チェックシートの内容に変更が生じた場合には、従業員は、当該変更が生じた日から1週間以内に変更事項を所属長に届け出なければならない。

第6条（服務規律）

テレワーク勤務に従事する者（以下、「テレワーク勤務者」という。）は本則第○章に定めるもののほか、次に定める事項を遵守しなければならない。

① テレワークセキュリティ規程を遵守し、情報漏えい等のセキュリティ事故が発生しないよう細心の注意を払うこと
② テレワーク勤務中は業務に専念すること
③ 第4条第2項に基づき会社からテレワーク勤務を許可された場所又は第5条第1項に基づき会社からテレワーク勤務を命じられた場所以外では業務を行わないこと
④ 在宅勤務又はサテライトオフィス勤務の場合には、勤務環境チェックシート記載の注意事項を遵守すること
⑤ サテライトオフィス勤務の場合には、サテライトオフィスの利用規約を遵守すること

第7条（労働時間）

1 テレワーク勤務時の労働時間については、本則第○条の定めるところによる。
2 前項にかかわらず、会社は、業務の必要性がある場合、前項の始業・終業時刻を繰り上げ、又は繰り下げることがある。

第8条（休憩時間）

1 テレワーク勤務者の休憩時間については、雇用契約書に記載された分数の休憩時間（以下、「雇用契約書上の休憩時間」という。）を次の各号に従い取得させるものとし、一斉休憩を付与しない。
　① 休憩時間のうち30分は、11時30分から13時30分までの間に連続して取得するものとする。
　② 休憩時間のうち前号の30分を除いた時間は、各従業員の

判断により、労働時間の途中の任意の時間帯に取得する
ものとする。なお、当該休憩時間を任意の回数に分割し
て取得することも可能とする。

2　テレワーク勤務者は、事前に所属長の許可を得たうえで、
雇用契約書上の休憩時間とは別に、私用による中抜けのため
の休憩時間を取得することができる。なお、当該休憩時間に
ついては無給とする。

3　従業員は前2項の休憩時間の開始前に、休憩開始予定時刻
及び休憩分数を会社所定の方法で連絡しなければならない。

第9条（所定休日）

テレワーク勤務者の休日については、本則第〇条の定めると
ころによる。

第10条（時間外・休日・深夜労働）

1　テレワーク勤務者が1日あたり2時間を超える時間外労働
を行う場合には、事前に所属長の許可を得なければならない。
ただし、会社から時間外労働を命じられた場合はこの限りで
ない。

2　テレワーク勤務者の休日労働及び深夜労働は原則禁止とす
る。ただし、事前に所属長の許可を得た場合、及び会社から
休日労働又は深夜労働を命じられた場合はこの限りでない。

第11条（始業・終業時刻の確認）

1　テレワーク勤務者は、始業時及び終業時に、所属長に対し
て電子メールを送信しなければならない。

2　会社は、前項の電子メールが送信された時刻をそのまま始
業・終業時刻として記録する。

第12条（業務報告）

テレワーク勤務者は、会社所定の方法により業務報告をしなければならない。

第13条（連絡体制）

テレワーク勤務時における連絡体制は次の各号のとおりとする。

① 事故・トラブル発生時には所属長に連絡すること。なお、所属長が不在の場合は所属長が指名した代理の者に連絡すること。

② 社内における従業員への緊急連絡事項が生じた場合、テレワーク勤務者へは所属長が連絡すること。

③ 情報通信機器に不具合が生じ、緊急を要する場合は、情報システム担当者へ連絡をとり指示を受け、事後速やかに所属長に報告すること。

④ 前各号以外の緊急連絡の必要が生じた場合は、前各号に準じて判断し対応すること。

第14条（機器等の準備）

1 テレワーク勤務時に使用する機器等の準備については、次の各号に定めるとおりとする。

① パソコンについては、会社が従業員に対して無償で貸与する。

② インターネット環境のない場所でテレワーク勤務を行う従業員に対しては、会社からモバイルルーターを無償で貸与する。

③ 携帯電話については、従業員の私物スマートフォンに会社指定のIP電話アプリをインストールし、業務に必要な通話はIP電話の番号を使用して行うものとする。なお、

従業員がスマートフォンを所有していない場合には、会社から携帯電話を無償で貸与する。

④　プリンター及びスキャナーについては、従業員の私物を使用するものとする。なお、従業員がプリンター又はスキャナーを所有していない場合には、原則として、最寄りのコンビニエンスストアのマルチコピー機を使用するものとする。

⑤　机、椅子及びモニターについては、従業員の私物を使用するものとする。なお、従業員が業務に適した机又は椅子、若しくはモニターを所有していない場合には、会社から机、椅子又はモニターを無償で貸与する。

2　前項に基づき、会社から物の貸与を受けた従業員は、当該物を善良なる管理者の注意をもって管理するとともに、テレワーク勤務の許可を取り消された時又は会社との労働契約が終了した時には会社の指示に従い速やかに会社に返却又は廃棄しなければならない。なお、返却又は廃棄に必要な費用は会社が負担する。

第15条（費用負担）

　テレワーク勤務時に発生する費用の負担については、次の各号に定めるとおりとする。

①　インターネットの利用料金は従業員負担とする。ただし、会社貸与のモバイルルーターを使用する場合には、会社負担とする。

②　IP電話又は会社貸与の携帯電話の利用料金は会社負担とする。

③　私物プリンターを使用する場合のインクカートリッジの購入費用は従業員負担とする。

④　コンビニエンスストアのマルチコピー機を使用する場合の

使用料金については会社負担とする。

⑤　水道光熱費は従業員負担とする。

⑥　消耗品費及び郵送費は会社負担とする。

⑦　サテライトオフィスの利用料金は原則として会社負担とする。

⑧　前各号以外の費用については、特に労使間で合意がない限り、従業員負担とする。

第16条（賃金）

1　テレワーク勤務者の賃金については、本条に定めるものを除き、賃金規程の定めるところによる。

2　所属事業場への出社日数が月○日以下である場合には、通勤手当は、定期代相当額ではなく、所属事業場への出社日数に往復の交通費を乗じた金額を支給する。

3　会社は、各従業員が1日あたり4時間以上の在宅勤務を行った日数（以下、本条において「在宅勤務日数」という。）を下表の集計期間ごとに集計し、当該日数に在宅勤務手当の単価を乗じた金額を、下表の支給日に支給する。なお、在宅勤務手当の単価は、従業員ごとに定め、書面にて各従業員に通知する。

集計期間	支給日
1月1日～3月31日	4月○日
4月1日～6月30日	7月○日
7月1日～9月30日	10月○日
10月1日～12月31日	1月○日

4　前項の集計期間の途中で会社との労働契約が終了する従業員については、当該契約終了日までの期間の在宅勤務日数を集計したうえで、当該契約終了日の属する月の翌月○日に在宅勤務手当を支給するものとする。

第17条（教育訓練）

1　会社は、テレワーク勤務者及び同者を管理する立場にある者その他会社が必要と判断する者に対して、テレワーク勤務及びその管理に必要な知識、技能を高め、資質の向上を図るため、必要な教育訓練を行う。

2　前項所定の者は、会社から教育訓練を受けるよう指示された場合には、正当な理由がない限りこれを拒否することはできない。

第18条（災害補償）

　テレワーク勤務者が業務中に災害に遭ったときは、本則第○章の定めるところによる。

第19条（安全衛生）

1　会社は、テレワーク勤務者の安全衛生の確保及び改善を図るため必要な措置を講ずる。

2　テレワーク勤務者は、安全衛生に関する法令等を守り、会社と協力して労働災害の防止に努めなければならない。

第20条（改廃）

　本規程は、関係諸法令の改正並びに会社の状況及び業績等の変化により必要があるときは、改定又は廃止することがある。

第21条（施行期日）

　本規程は、○年○月○日より施行する。

第 5 章

ICT環境整備と
情報セキュリティ対策

01 テレワーク環境の選択

利用端末の選択

　テレワークで利用しうる端末としては、大きく分けて以下の3種類があります。

【テレワークでの利用端末の種類】

リッチクライアント型PC	「リッチクライアント」とは、内蔵しているハードディスク内に情報を保存することができる端末のことです。 書類の作成等を行うアプリケーションの操作も、この端末単体で行うことができます。 通常、私たちがPCと聞いてイメージするのはリッチクライアント型PCです。
シンクライアント型PC	「シンクライアント」とは、ほとんどの機能がサーバで処理され、入出力程度の機能しか持たない端末のことです。 書類の作成も保存もサーバ上で処理されるので、データが端末内に保持されません。 シンクライアント型PCの場合、データが端末内に存在しないので、端末の紛失・盗難時にもデータ漏えいが起きません。そのため、テレワーク勤務者に対して安心して貸し出すことができます。
タブレット型PC・スマートフォン	モバイル勤務を行う従業員について、メール対応や決裁業務などの簡単な業務をするために導入すると便利です。 業務に必要なアプリケーションしか使えないように機能を制限することで、セキュリティが確保できます。

セキュリティ面ではシンクライアント型PCを利用するのが望ましいのですが、中小企業では費用面の問題からリッチクライアント型PCを利用しているところが多いようです。

　なお、モバイル勤務の場合であっても、移動中の車内やカフェなどで座席に座って仕事ができる場合には、タブレット型PCやスマートフォンがなくても、リッチクライアント型PC又はシンクライアント型PCのみで十分対応可能です。

システム方式の選択

　テレワーク環境におけるシステム方式は、主に以下の4つの方式があります。

【テレワーク環境におけるシステム方式】

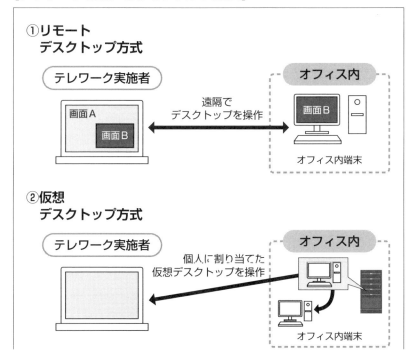

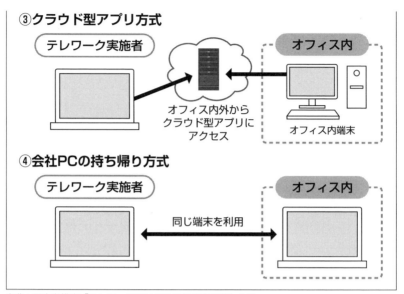

③クラウド型アプリ方式

テレワーク実施者

オフィス内外から
クラウド型アプリに
アクセス

オフィス内

オフィス内端末

④会社PCの持ち帰り方式

テレワーク実施者

同じ端末を利用

オフィス内

出典：厚生労働省「テレワークではじめる働き方改革」より

セキュリティを重視するなら①②の方式を

　この4つの方式のうち、①リモートデスクトップ方式と②仮想デスクトップ方式は、いわゆる画面転送型と呼ばれる方式です。シンクライアント型PCを用いてこの2つのいずれかの方式をとる場合、テレワーク時に手元にあるPC端末は、オフィス内にあるPC端末のデスクトップやサーバ内の仮想デスクトップを遠隔操作するためだけの装置となり、手元のPC端末のなかにデータが保持されることがありません。

　したがって、セキュリティを重視するのであれば、①リモートデスクトップ方式又は②仮想デスクトップ方式を選択するのが良いでしょう。

　それでは、①リモートデスクトップ方式と②仮想デスクトップ方式のどちらを選択すれば良いでしょうか。

①リモートデスクトップ方式の場合、オフィス内にあるPC端末のデスクトップを遠隔操作しますので、オフィス内のPC端末の電源は付けたままにしなければなりません。もし、停電や災害等によってオフィス内のPC端末の電源が切れてしまった場合には、①リモートデスクトップ方式は機能しなくなってしまいます。

　他方、②仮想デスクトップ方式の場合には、サーバ内にある仮想デスクトップを遠隔操作しますので、サーバの電源さえ確保できれば良いことになります。サーバは必ずしもオフィス内にある必要はありません。したがって、たとえば予備のサーバを全国各地のデータセンターに設置しておけば、オフィスの所在地域で停電や災害等が発生した場合でも、その他の地域にある予備のサーバを利用して②仮想デスクトップ方式を継続することが可能です。

　ここまで読んで、「よし、②仮想デスクトップ方式にしよう！」と思われたかもしれませんが、②仮想デスクトップ方式の導入には他の方式と比べて高額の費用がかかるため、経済的に余裕のある企業でなければ導入は難しいでしょう。

　この費用面がネックとなり、セキュリティを重視する企業の多くは、②仮想デスクトップ方式ではなく、費用を比較的安く抑えられる①リモートデスクトップ方式を選択しています。

仕事のしやすさを重視するなら③④の方式を

　①リモートデスクトップ方式や②仮想デスクトップ方式の場合、オフィス内のPC端末やサーバを遠隔操作することになるため、手元のPC端末からオフィス内のPC端末やサーバへのインターネット回線が途切れてしまうと、もはや手元のPC端末で業務をすることができなくなってしまいます。

　他方、④会社PCの持ち帰り方式の場合には、手元にあるPC端末のローカル環境を使って業務を行うため、このような問題は発生し

ません。③クラウド型アプリ方式の場合には基本的にはインターネット回線への接続が必要ですが、Dropboxなど、インターネット回線のない状態でもデータの編集や保存ができるアプリケーションもあります。

　また、①リモートデスクトップ方式や②仮想デスクトップ方式については、ウェブ会議のしづらさも問題となります。

　①リモートデスクトップ方式や②仮想デスクトップ方式でウェブ会議を行う場合、画像や音声のデータ量が大きく帯域[1]を圧迫するため、画像や音声に遅延が発生しがちです。そのため、これらの方式を選択している企業でも、ウェブ会議ツールについては手元のPC端末のローカル環境で使用させている企業がほとんどです。

　そのような企業で、いざローカル環境でウェブ会議に参加しようとしたときに問題となるのが、ウェブ会議用のURLをどうやってローカル環境に持ってくるかということです。

　①リモートデスクトップ方式や②仮想デスクトップ方式の場合、遠隔操作しているデスクトップから手元のPC端末のローカル環境にデータを持ってくることができません。したがって、ウェブ会議用のURLは、遠隔操作しているデスクトップの画面を見ながらローカル環境に手打ちするか、又はローカル環境からもアクセスできるクラウド型のチャットツールなどをうまく利用してURLを持ってくるしかなく、手間がかかります。

　他方、④会社PCの持ち帰り方式を選択する場合はもちろんのこと、③クラウド型アプリ方式を選択する場合であっても基本的にローカル環境へデータを持ってくることは可能[2]ですので、ウェブ会議時にこのような問題は発生しません。

1　「帯域」とは、通信回線の太さ（データが通る道幅）のことを指します。帯域幅が広いほど、一定時間あたりのデータ転送量の最大値が高くなるため、回線が安定することになります。

したがって、セキュリティよりも仕事のしやすさを重視するので
あれば、③クラウド型アプリ方式又は④会社PCの持ち帰り方式を
選択するのが良いでしょう。

　中小企業の場合、オフィスで使用しているPCがモバイルノート
PCであれば、基本的に④会社PCの持ち帰り方式を選択するところ
が多いでしょう。ですが、テレワークで完全にローカル環境だけに
データを保存させてしまうと、上司や同僚が最新データを確認する
ことが困難になってしまいますし、また、PCが故障した場合には
データが消滅してしまうリスクもあります。

　そこで著者としては、④会社PCの持ち帰り方式を選択する場合
であっても、データの保存についてはDropboxやbox等のクラウド
型アプリを使用するという、③クラウド型アプリ方式の併用が望ま
しいと考えています。なお、クラウド型アプリの利用には費用がか
かりますが、初期導入費用はかからず月額の利用料金が1人あたり
数百円程度のものが多いため、中小企業であってもそこまで負担な
く導入することが可能です。

コラム　VPNの利用でよりセキュアに

- -

　VPNとは、Virtual Private Network（仮想専用線）の略であり、イ
ンターネット回線上に企業独自の専用線を仮想的に作るものです。
　通常のインターネット回線の場合、その回線は不特定多数の人が
利用できるのですが、VPNでは自社のみが回線を利用できることに
なります。VPNを利用すると、回線上でやり取りされるデータを第
三者からハッキングされるリスクが格段に低くなりますので、セキ
ュリティ対策として有効です。
　テレワークのセキュリティ対策に万全を期したいという企業は、
システム方式として①リモートデスクトップ方式又は②仮想デスク
トップ方式を選択したうえで、VPNを利用すると良いでしょう。

2　クラウド型アプリ方式のなかでもセキュアブラウザ方式を選択する場合には、ロ
　ーカル環境へのデータ保存が制限されます。

02 ICTツールの選択

🏠 中小企業のテレワークに必要なICTツールとは

　テレワークを導入するにあたり、テレワークに関連する多種多様なICTツールのなかから何を選択すればよいかわからない、という声を多く耳にします。

　著者の経験上、中小企業がテレワークを導入する場合に、最低限用意しておいたほうが良いICTツールは以下の4点です。

【最低限用意すべきICTツール】

ICTツール	主な用途
①電子メール	取引先との連絡やデータの受け渡しに使用します。
②チャット	社内の連絡・声掛けやデータの受け渡しに使用します。 電子メールと比べて、気軽に発言し合えること、データファイルの送信が楽に行えることが利点です。また、電話やウェブ会議と異なり、相手の作業を中断させずに用件を伝えることができます。
③ウェブ会議	取引先との打合せや社内会議で使用するほか、チャットよりも対面で話したほうが良い場合にも使用します。
④カレンダー	各従業員の業務予定を社内で共有するのに必須です。必ずしもすべての業務予定を入力する必要はなく、ウェブ会議や私用での中抜け等、チャットや電話に即応できなくなる予定のみを共有しているケースが多いです。

さらに、テレワーク勤務者の業務管理や労務管理を楽に行いたいのであれば、以下の2点も用意しておくと良いでしょう。

【業務管理や労務管理のためにあると便利なICTツール】

ICTツール	主な用途
⑤タスク管理	業務指示や業務進捗の連絡のために使用します。 業務進捗について、従業員本人に直接確認しなくてもタスク管理ツール上でいつでも確認できるため、オフィス勤務に比べて気軽な声掛けが難しいテレワークでは重宝します。
⑥勤怠管理	始業・終業時刻や休憩時間を把握するために使用します。 電子メールでの報告による労働時間把握も可能ではありますが、メール送信時刻を管理者がさらに帳簿に転記する手間が必要となるため、その手間を省くために勤怠管理ツールがあると便利です。

ICTツール選択時のポイントと製品例

　上記①〜⑥の各ツールについて、たくさんの製品が出回っており、どの製品を選択すればよいか悩んでいる、という方も多いでしょう。

　そこで、ICTツールを選択する際に気をつけるべきポイントと製品例[3]を紹介します。

①電子メール

　電子メールは既に導入済みの企業がほとんどだと思いますが、これから導入する場合には、予約送信機能（メールを送信する日時を

3　製品例については、一般社団法人日本テレワーク協会の「テレワーク関連ツール一覧」も参考になります。

予約できる機能）の付いたツールを導入すると良いでしょう。98頁
以降で述べたとおり、この機能を使用することで深夜や休日のメー
ル送付を抑制でき、長時間労働の防止につながります。

【製品例】

　予約送信機能付きで低コストで導入できる製品としては、Gmail
がおすすめです。PCだけでなくスマートフォンでの操作性も非常
に優れています。従業員1人あたり月額千円程度で利用できるG
Suiteに申し込めば、Gmailだけでなく、Google Meet（ウェブ会議
ツール）やGoogleカレンダーなども使用できます。

②チャット

　チャットは社内で気軽にコミュニケーションをとることが主な導
入目的ですので、いくつかの主要なツールを試してみて、直感的に
操作しやすいと感じるものを選択すると良いでしょう。

【製品例】

　著者は、Slack（フリープラン）を使用していますが、他にも
SkypeやChatworkなど、無料で導入できる製品があります。

③ウェブ会議

　会議の設定のしやすさ、参加のしやすさ（URLをクリックする
だけで参加できるか）、画面共有機能・チャット機能・録画機能・
バーチャル背景機能の有無などを比較して選択すると良いでしょう。

【製品例】

・Zoom：ウェブ会議に必要な機能が充実しています。著者の周り
　では、企業でも個人でもZoomを使用している方が圧倒的に多い
　印象です。

・Google Meet：Googleカレンダーを使用している場合には、カレ
　ンダーに予定を登録する画面で同時に会議用URLを作成できる

ため、会議の設定が非常に簡単です。

④カレンダー

手元にPCがない状態でアポが入ったときでも手早く予定を登録できるよう、PCだけでなくスマートフォンからも予定を登録しやすいものを選択すると良いでしょう。

【製品例】

著者は、Googleカレンダーを使用しています。Googleマップや Google Meetとの連動など機能が充実しておりスマートフォンアプリも使いやすいためおすすめです。

⑤タスク管理

自社の業務マネジメントにおいて、どこまでのタスク管理が必要か（ごく簡単なTODO管理のみで良いのか、それとも業務進捗まで細かく把握したいのか）をふまえてツールを選択する必要があります。さらに、製品によっては、各業務にかかった時間数も記録でき、時間あたりの労働生産性の把握まで可能なものもあります。

ツールを導入しても、「入力に手間がかかって結局使われなかった」となってしまっては意味がないので、まずは自社が行いたいタスク管理の機能が搭載されているツールをいくつかピックアップし、無料お試し期間やデモ環境などを利用して実際に操作性を比較することが重要です。

【製品例】

著者は、時間あたりの労働生産性の把握も可能なLog＋を使用しています。その他、タスク管理ツールとしては、TrelloやBacklogなどが有名です。

⑥勤怠管理

79頁以降で述べたとおり、労働時間ガイドラインが原則的な始業・終業時刻の確認方法として定める「客観的な記録を基礎として確認」する方法に該当するようにするため、時刻を後から自分で入力するタイプの製品ではなく、タイムカードと同様、実時刻で打刻できるタイプの製品を選択すると良いでしょう。

また、中抜け休憩を柔軟に認めたい場合には、休憩時間を1日に何度も打刻できる製品を選択する必要があります。

さらに、長時間労働を行う従業員への注意喚起の手法として勤怠管理ツールを利用するには、各従業員の1日の労働時間をリアルタイムに計測し、労働時間が一定時間を超えたタイミングで自動的に通知を送る機能が搭載されたツールを選択しなければなりません。

【製品例】

著者は、タスク管理と同時に勤怠管理ができるLog＋を使用しています。勤怠管理単体のツールとしては、ジョブカンやキングオブタイムなどが有名です。

03

情報セキュリティ対策

🏠 技術的なセキュリティ対策

　技術的なセキュリティ対策については、①アクセスの制限、②暗号による管理、③運用のセキュリティ、④ネットワークのセキュリティの4つの面から考える必要があります。

①アクセスの制限

　システムやアプリケーションへのアクセス制限が脆弱な場合、第三者からの不正アクセスによりデータ等の情報資産の改ざん・破壊・漏えい等が生じるリスクがあります。

　このようなリスクを防ぐため、システムやアプリケーションへのアクセスが従業員本人によるものであることを認証すること（本人認証）や、あらかじめ登録されている端末からのみのアクセスを許可すること（端末認証）などの措置を講じる必要があります。

②暗号による管理

　データを暗号化することによって、たとえPCを紛失してしまったり、盗難に遭った場合でも、情報が漏えいするリスクを防ぐことができます。

　暗号化の方法としては、次頁のようなものがあります。

第5章　ICT環境整備と情報セキュリティ対策

【暗号化の方法】

ハードディスク暗号化	ハードディスク内のデータを常に暗号化しておく方法です。ハードディスクの紛失・盗難時にも、内部のデータはすべて暗号化されているため情報漏えいのおそれがありません。
セキュアコンテナ	携帯電話等にセキュアコンテナ（暗号化された企業用の業務データエリア）を作成するソフト及びサービスです。携帯電話等の紛失・盗難時には、セキュアコンテナのデータを遠隔操作により削除したり、ロックしたりすることが可能です。
情報漏えい対策付きのUSBメモリ	会社のルール上、情報の社外への持ち出しを可能とする場合には、その媒体を限定し、媒体についても十分セキュリティ対策をしておく必要があります。USBメモリには、暗号化機能・パスワードロック機能・ウイルスチェック機能といった情報漏えい対策付きの製品がありますので、情報を持ち出す際には、そのようなUSBメモリを使用すると良いでしょう。

③運用のセキュリティ

　日頃の運用上のセキュリティ対策としては、PCやサーバ等の端末について常に最新のウイルス対策ソフトを入れておくこと、そして、万一ウイルス感染により情報が失われたり改ざんされたりした場合に備え、電子データのバックアップを徹底することが重要です。

④ネットワークのセキュリティ

　ネットワークを通じてやり取りされる情報、及びネットワークを支える機器・設備を安全に使い続けるため、ウイルス感染や不正アクセスがされにくいネットワークを使用することが肝心です。

　たとえば、前述のVPNを使用したり、不正な通過パケットを自動的に発見又は遮断する措置が可能なシステムを導入することが求められます。

また、モバイル勤務の場合には、ウイルス感染や盗聴の危険性の
ある公衆Wi-Fiは使用せず、通信キャリアが提供するモバイルルー
ターを使用するといったルールづくりが望まれます。

物理的なセキュリティ対策

　多くの企業のオフィスでは、社外の者が自由に出入りできないよ
う、出入口の施錠などのセキュリティ対策を講じていることでしょ
う。

　他方、モバイル勤務やサテライトオフィスの共用スペースで勤務
する場合には、不特定多数の社外の者が周囲にいる状況で業務を行
うことになりますので、PC等のハードウェアが物理的に盗難に遭
ったり、PC等のモニター画面や紙媒体の資料を盗み見されたり、
電話での業務上の会話を聞かれたりするリスクが非常に高まります。
また、在宅勤務の場合でも、同居している配偶者がライバル企業に
勤務しているケースもありますし、一軒家の場合は空き巣に狙われ
るリスクが比較的高いので、完全に気を抜くことはできません。

　そこで、テレワークの場合には、以下のような物理的なセキュリ
ティ対策を講じる必要があります。

- モバイル勤務やサテライトオフィス勤務時には、PC等のハードウェアは肌身離さずに持ち歩く。
- PC等のモニター画面には覗き見防止フィルターを装着する。
- 機密情報が含まれている紙媒体の資料は、社外の者が周囲にいる場所では閲覧しない。また、不要になった場合にはシュレッダーで裁断処理する。
- 電話は個室内や電話ブースなど外部に声が聞かれない場所で行う。そのような場所が確保できない場合には、会話内容に機密情報が含まれないよう十分注意する。
- PC等のハードウェア及び機密情報が含まれている紙媒体の資料は、業務終了時にキャビネット棚等に施錠して保管する。

> ●サテライトオフィスを選定する際には、入退室管理や監視カメラ等のセキュリティ対策がしっかりしているところを選ぶ。

　これらの事項については、テレワークセキュリティ規程に盛り込むとともに、施錠可能な棚があるかどうかといった設備に関する点については、テレワーク勤務許可申請時に提出させる勤務環境チェックシート（175頁以降参照）にて確認することが重要です。

　なお、物理的なセキュリティ対策の観点からは、できる限りペーパレス化を進め、紙媒体の資料を持ち出さなくて良い体制を築いていったほうが良いでしょう。

テレワークセキュリティ規程の作成

　以上の内容を会社のルールとして落とし込むために、テレワークセキュリティ規程を作成しましょう。

　総務省の「テレワークセキュリティガイドライン（第4版）」（以下、「セキュリティガイドライン」といいます。）を参考にしつつ、中小企業で運用しやすいように工夫して作成した規程例を掲載しますので、この規程例をベースにして自社の規程を作成してみてください。

　なお、本規程例は、システム方式として、多くの中小企業で選択されている会社PCの持ち帰り方式をとることを前提に作成しています。他の方式を選択する場合には、その方式に合わせて条文内容を修正してください。

> 《注意事項》
> ●本書の規程例又は各種書式例を使用したことにより万一損害が発生したとしても、日本実業出版社及び著者は責任を負いかねます。必ずご自身の判断及び責任においてご使用ください。
> ●本書の規程例及び各種書式例の全部又は一部について、自社の規程又は書式を作成すること以外の目的で使用することを禁じます。

【テレワークセキュリティ規程例】

テレワークセキュリティ規程

第1条（目的）
　本規程は、株式会社○○（以下、「会社」という。）の従業員がテレワーク勤務規程に基づきテレワーク勤務を実施する場合の情報セキュリティ対策について必要な事項を定めたものである。

第2条（テレワーク端末）
1　テレワーク勤務者は、会社から貸与された端末（以下、「貸与端末」という。）又は会社から事前に使用を許可された私物端末（以下、「許可端末」といい、貸与端末及び許可端末を合わせて「テレワーク端末」という。）のみを業務に使用するものとし、それ以外の端末を使用してはならない。ただし、テレワーク勤務者の私物スマートフォンに会社指定のIP電話アプリをインストールし、業務上の通話を当該アプリを使用して行うことについては、会社の事前許可は不要とする。
2　テレワーク勤務者は、テレワーク端末を使用する都度、使用前に次の各号の事項を確認しなければならない。
　①　テレワーク端末に会社の指定するウイルス対策ソフトがインストールされ、最新の定義ファイルが適用されていること
　②　テレワーク端末のOS及びソフトウェアについて、アップデートが適用され最新の状態であること
3　テレワーク勤務者は、貸与端末にアプリケーションをインストールする場合には、事前に会社の許可を得なければならない。
4　テレワーク勤務者は、許可端末にアプリケーションをインストールする場合には、安全性に十分留意してアプリケーションを選択しなければならない。

第3条（私物端末の使用許可手続き）
1　テレワーク勤務時に私物端末を業務に使用することを希望する従業員は、使用開始希望日の1週間前までに私物端末使用許可申請書を所属長に提出しなければならない。
2　会社は、私物端末使用許可申請書の内容等を勘案し、私物端末

の使用を認めることが適切と判断した場合には、私物端末の使用を許可するものとする。なお、会社は、業務上その他の事由により、当該許可を取り消すことがある。

第4条（情報セキュリティ事故の予防）
1　テレワーク勤務者は、テレワーク端末及び紙媒体の資料の紛失及び盗難を避けるため、次の各号に定める事項を遵守しなければならない。
　①　モバイル勤務又はサテライトオフィス勤務時（施錠可能な個室で勤務する場合を除く）には、テレワーク端末及び機密情報が含まれた紙媒体の資料（以下、「機密書類」という。）を常に携帯すること
　②　貸与端末及び機密書類は、業務で使用する場合を除き、常に施錠された場所に保管すること
2　テレワーク勤務者は、情報資産の事業場外への持ち出しについて、次の各号に定める事項を遵守しなければならない。
　①　会社の事業場外に電子データを持ち出す場合には、テレワーク端末又は会社所定の情報漏えい対策付きのUSBメモリを使用すること
　②　紙媒体の資料については、原則としてスキャナーで電子化したうえで前号に従い持ち出すものとし、所属長の事前許可を得ない限り、紙媒体のまま事業場外に持ち出してはならないこと
　③　前2号に基づき事業場外に情報資産を持ち出す場合には、その原本を事業場内に保管しておくこと
3　前2項のほか、テレワーク勤務者は情報セキュリティ事故を予防するため、次の各号に定める事項を遵守しなければならない。
　①　テレワーク端末のモニター画面には覗き見防止フィルターを装着すること
　②　機密書類は、社外の者が周囲にいる場所では閲覧しないこと
　③　機密書類が不要になった場合には、シュレッダーで裁断処理をすること
　④　電話での通話は原則として個室内又は電話ブースなど外部に

声が聞かれない場所で行うこととし、万一そのような場所が確保できない場合には、会話内容に機密情報が含まれないよう十分注意を払うこと

⑤　インターネットを利用する場合には、会社が事前に許可した方法によるものとし、公衆Wi-Fiその他会社が許可していない方法を用いないこと

⑥　機密情報が含まれる電子データを電子メールで送信する際には、電子データを暗号化すること

⑦　電子メールの添付ファイルの開封やリンク先のクリックの際には、マルウェア感染のおそれがないか十分注意を払うこと

⑧　テレワーク端末並びに業務に使用する電子データ及びクラウドシステム等のパスワードは、使い回しを避け、8文字以上の他人に推測されにくいものに設定し、他に漏えいすることがないよう適正に管理すること

⑨　SNS（ソーシャル・ネットワーキング・サービス）を業務に使用しないこと

第5条（バックアップ）
　テレワーク勤務者は、テレワーク時に作成した電子データについて、会社所定の方法でバックアップを行わなければならない。

第6条（報告義務）
　テレワーク勤務者は、情報漏えい等の情報セキュリティ事故が発生した場合又は発生するおそれがある場合には、直ちに所属長に報告しなければならない。

第7条（施行期日）
　本規程は、○年○月○日より施行する。

【書式例：私物端末使用許可申請書】

年　　月　　日

株式会社○○

代表取締役　○○ ○○ 殿

申請者　氏名：　　　　　　　　　　㊞

所属部署：

従業員番号：

私物端末使用許可申請書

　私は、テレワーク勤務時に私物端末を業務に使用することを希望し、以下のとおり申請いたします。私物端末の使用にあたっては、テレワークセキュリティ規程その他諸規程を遵守いたします。

1、私物端末の使用を希望するテレワークの形態（複数希望可）
　　□在宅勤務　□モバイル勤務　□サテライトオフィス勤務

2、私物端末を使用して行いたい業務

3、使用を希望する私物端末
　　□PC　□タブレット　□スマートフォン　□その他（　　　）

メーカー名	
型番	
OS	

ウイルス対策ソフトウェア	名称	
	バージョン	
改造の有無	あり　・　なし ※「あり」を選択した場合には、改造の詳細を以下に記入してください。	

所属長	代表取締役
年　　月　　日	年　　月　　日
許可・不許可	許可・不許可

🏠 テレワークセキュリティ規程とテレワーク勤務規程の関係

　テレワーク勤務規程例第6条第1号において、テレワーク勤務者はテレワークセキュリティ規程を遵守しなければならないと定めています（152頁参照）。

　また、同規程例第4条第1項において、テレワーク勤務希望者に対してテレワーク勤務許可申請書の提出を義務付けているところ、その申請書の書式例にはテレワークセキュリティ規程を遵守する旨を明記しています（173頁参照）。

　このような規程や書式の建て付けにより、テレワーク勤務者はテレワークセキュリティ規程を遵守する義務を負うことになります。

🏠 テレワークのセキュリティトラブル事例と対策

　テレワーク特有の情報セキュリティ事故の事例と対策例について、

セキュリティガイドラインより抜粋して紹介します。

【事例1】

事例	出張中の新幹線の車内で未発表の新製品に関するプレゼンテーション資料を作成していたところ、その内容を何者かに「某社の新製品に関する流出情報！」としてSNSに投稿されてしまった。
対策	テレワーク勤務者が他人の視線のある環境でテレワーク作業を行う場合、端末に覗き見防止フィルターを装着することで内容を把握されにくくなります。ただし、プレゼンテーション用のスライド資料のように文字サイズが大きな文書を編集する場合、覗き見防止フィルターを装着していても隣の席などから読めてしまうことがあるため、そうした資料は他人の視線のある環境では参照したり作成したりしないようにしましょう。

【事例2】

事例	公衆Wi-Fiを使って電子メールの送受を行っていたところ、添付したファイルに書かれていた機密情報が、いつの間にか競合企業に知られてしまっていた。
対策	パスワードの設定されていない公衆Wi-Fiや、ホテルに設置されたインターネット回線等においては、同時に利用している他者に通信内容を傍受される恐れがあります。また、パスワードが設定されていてもそのパスワードが不特定対象に公開されている場合は、なりすましの偽アクセスポイントを設置されることで同様に通信内容を傍受される可能性があります。 　こうした環境でテレワーク勤務者が機密情報を送受する必要がある場合、あらかじめ機密情報を格納したファイルを暗号化したり、暗号化機能を備えた電子メールアプリケーションを利用したりするか、VPNのような通信経路を暗号化するサービスを利用することが適切です。

なお、暗号化に用いたパスワードを別のメールで送っても対策にはなりません。電話やショートメッセージ等で送るなどの工夫が必要です。

【事例3】

事例	ローカルディスクに取引実績を含む得意先リストを保存した端末を、移動中の電車内に収納していたカバンごと置き忘れた。後日それに気付いて鉄道会社に問い合わせてみたものの、落とし物としての届出はなかった。数か月後、得意先から「御社にしか知らせていない電話番号にセールスの電話が来る」との苦情が寄せられるようになり、営業担当者全員で謝罪に奔走することとなった。
対策	持ち運ぶ機会が多く、盗難や紛失の恐れがある端末については、端末内に情報を保持しないシンクライアント型の端末を用意し、テレワーク勤務者に使ってもらうことが最も適切な対策となります。 ただし、そのような端末はインターネット回線に接続できない環境では利用できないため、それでは困る場合、端末内のハードディスクやSSD内の業務情報を暗号化しておき、その復号のための鍵（解除用のパスワード）を端末内に保存しないようにします。 携帯端末などでリモートワイプ（遠隔で端末内の情報を消去できる機能）があるものについては、テレワーク勤務者において日頃から有効にしておくことが望まれます。ただし、意図的に情報を盗むことを目的として盗難にあった場合、電波の届かない場所で起動された場合にはリモートワイプは機能しないことも認識しておく必要があります。

【事例4】

事例	従業員の利用するテレワーク端末を介して社内システムがランサムウェアに感染してしまい、重要情報が閲覧できなくなるだけでなく、攻撃者から多額の金銭の要求を受けた。重要情報のデータを再び閲覧できるようにするため、やむなく

	攻撃者の言うとおりに金銭を支払ったが、データを復号するための鍵は送られなかった。
対策	社内の重要情報については、システム管理者においてバックアップをとり、ネットワーク経由でアクセスできない場所や、書き換えのできない場所に保存することで、ランサムウェアによる被害を防ぐことができます。 　例えば次のような方法が考えられます。 ●USBメモリ、取り外し可能なハードディスクやSSDに記録し、機器から取り外して施錠保管 ●書き換え不可能なメディア（例：DVD-R）に記録して保管 ●感染の可能性のあるPCのあらゆるユーザでは書き換えや削除が不可能な状態に設定されたサーバ上の領域で保管

【事例５】

事例	テレワーク専用のPCを使用して、年に数回程度テレワークを実施していた。 　久しぶりにPCを開いてみると、OSやインストールしているアプリケーションがアップデートされていなかったが、急いでいたのでそのままテレワークを行い、インターネット検索をしながら調査資料の作成を行った。 　そのときは異常を感じなかったが、次回そのPCを起動すると、「このPCはウイルスに感染しています。除去用の製品購入が必要です」という偽セキュリティ対策ソフトウェアの広告がしつこく表示されるようになり、作業効率が大幅に低下してしまった。
対策	テレワーク勤務者において、たまにしか利用しないPCを起動した直後は脆弱な状態であることに留意し、業務着手に先立って、OSやアプリケーションのアップデートを行う必要があります。 　ただし、こうしたアップデート作業には長い時間がかかることもあるため、効率的な作業の実施のためには定期的にPCのアップデートを行っておくことが重要です。 　また、仮想デスクトップ方式においては、こうした更新作

| | 業が不要なディスクレスの端末を用いることもできるので、こうした方法を採用することも検討すべきです。 |

【事例6】

事例	自社の社内システムとインターネットの境界にファイアウォールを設置し、インターネットから社内システムへのアクセスは従業員が利用するテレワーク端末のみに制限していた。 　しかし、1台のテレワーク端末がマルウェアに感染し攻撃者に乗っ取られて「踏み台」にされてしまい、社内システムに侵入され、顧客情報が流出してしまった。
対策	テレワーク端末が「踏み台」となることを防ぐためには、テレワーク勤務者において行う端末のセキュリティ対策が重要です。ウイルス対策ソフトを導入して最新の状態を保つだけでなく、端末のファイアウォール機能を有効にするなどして、外部からの侵入を防ぐ対策が求められます。 　また、システム管理者においてテレワーク端末から社内システムへのアクセスログを分析することで、不自然なアクセスから攻撃者の踏み台にされた可能性を推測することができます。

第5章　ICT環境整備と情報セキュリティ対策

211

第 **6** 章

テレワークを成功に
導くためのポイント

01 テレワーク導入時のポイント

経営トップの支援が欠かせない

　テレワークの導入を成功させるためには、経営トップの強力な支援が欠かせません。

　各社の事例を見ても、経営トップが積極的な場合にはテレワーク導入が一気に進み、そうでない場合にはどんなに従業員が望んでいたとしてもテレワーク導入はなかなか進まないことがほとんどです。

　ですから、現時点で経営トップがテレワーク導入に積極的ではない企業においては、まずは経営トップを説得し、テレワークに対する意識を変えていくことが何よりも重要です。

　総務省の「テレワーク実践活用テキストブック」（令和元年度）には、経営トップを説得する際には、最初に以下の内容を伝えると良いと書かれています。

- ●テレワークは企業の持続的成長に欠かせない「働き方改革」の重要な手段であること
- ●テレワークは福利厚生だけが目的ではなく、生産性向上にも効果的であること
- ●人材確保、長時間労働の改善など、自社の経営課題の解決に有効であること
- ●小さな投資で始めることも可能であること
- ●少人数で試験的に始めることも可能であること

- 在宅勤務制度は利用頻度に上限を設けて導入することも可能であること
- 中小企業であれば、採用力アップに効果的であること
- テレワークの経営効果を定量的に把握することも可能であること
- 同業他社がテレワークを導入して成功した事例があること

出典：総務省「テレワーク実践活用テキストブック」令和元年度

　新型コロナウイルス感染症の流行をきっかけに、多くの経営トップはテレワークが非常時の事業継続対策として有効であることを理解し、緊急事態宣言下では一時的にテレワークを導入したという企業も多いでしょう。しかしながら、それらの企業の大半が、緊急事態宣言が解除されると再び元の働き方に戻ってしまいました。

　その要因は、経営トップが非常時の事業継続対策以外のテレワークのメリットをしっかりと理解できていないことにあるのではないかと思います。特に中小企業の経営トップは、曖昧な理想論だけでは動かされませんので、テレワークの経営上のメリットを定量的に数値で説明することが重要です。

　総務省の「働き方改革のためのテレワーク導入モデル」（平成30年6月。以下、「テレワーク導入モデル」といいます。）には、テレワークを活用している中小企業における経営上のメリットに関し、次頁のような事例が紹介されています。

【事例１】[1]

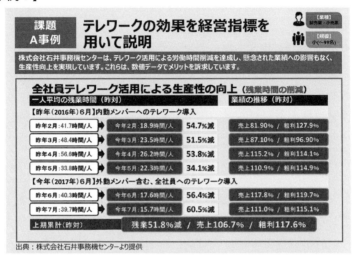

出典：株式会社石井事務機センターより提供

出典：総務省「働き方改革のためのテレワーク導入モデル」平成30年６月

【事例２】

出典：向洋電機土木株式会社より提供

出典：総務省「働き方改革のためのテレワーク導入モデル」平成30年６月

1　株式会社石井事務機センターは、2018年に株式会社WORK SMILE LABOに社名変更されています。

新型コロナウイルス感染症の流行等により、一時的にテレワークを導入する場合には、そのときがデータをとる大チャンスです。前頁の事例のように、テレワーク導入による経営上のメリットを定量的に計測し、経営トップに数値で効果を示せるような資料作りを進めるべきです。

一時的なテレワーク導入の予定もないという企業では、可能な限り、自社に近い業種・従業員規模で、テレワーク導入により経営上の効果を上げている企業を探し出し、そこの情報をリサーチして経営トップに伝えることができれば非常に効果的です。

また、中小企業の経営トップは、経営者同士の情報に感化されやすい傾向があるため、他の企業の経営者がテレワークの良さについて語るセミナー等があれば、自社の経営トップがそれを聴講するようううまく誘導するのも手です。

テレワーク導入に積極的ではない経営トップの意識を変えていくのはかなり骨の折れる作業ではありますが、特に中小企業においては経営トップの意識さえ変われば一気に事が進みますので、諦めずにあらゆる手を尽くして説得していただければと思います。

🏠 中間管理職を巻き込む

「この業界はそもそもテレワークには向いていない」、「目の前に部下がいないとサボっていないか不安」、「離れた場所にいては業務マネジメントができない」などと言って、テレワーク導入を拒む中間管理職はほとんどの企業で一定数存在します。

このような中間管理職の意識を変える最も良い方法は、中間管理職本人にテレワークを体験してもらうことです。実際にテレワークを体験した中間管理職からは、「業務に集中できた」、「通勤時間削減によるメリットを実感した」などの好意的な声が上がることが多く、テレワークに対する意識を変える大きなきっかけとなっている

ようです。

　また、前出のテレワーク導入モデルでは、以下のような事例が紹介されています。

【事例】

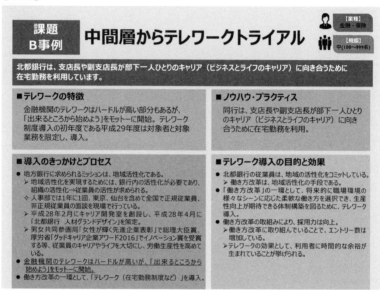

出典：総務省「働き方改革のためのテレワーク導入モデル」平成30年6月

　テレワークを体験することを拒む中間管理職がいる場合には、経営トップからある程度強制力をもってテレワークを命じる必要があります。その時点で就業規則にテレワークに関する規定がなかったとしても、出張命令についての規定があれば、その一種としてテレワークを命じることは可能です（113頁参照）。

従業員の自律性・主体性・マネジメントスキルは不可欠か

　テレワーク導入モデルには、「テレワークを実施する際には、各自の業務状況が見えにくくなるため、従業員個々人が自律的・主体的に自らの業務をマネジメントし、チーム内の業務も調整していく

スキルが不可欠です。」と記載されています。

　これは、一般論としてはその通りです。自律性・主体性・マネジメントスキルが十分でない従業員にテレワークをさせてしまうと、上司の目が届かないことを良いことに仕事をサボってしまったり、上司や同僚との報連相がうまくできず仕事が回らなくなってしまったり、といった事態に陥ることが容易に想像されます。

　それでは、会社のなかで自律性・主体性・マネジメントスキルが十分である従業員は、一体どれだけいるのでしょうか。そのような従業員は全体のごく一部であるという企業が大半なのではないかと思います。

　会社の運用として、そのごく一部の従業員のみにテレワーク勤務を許可することにするのであれば問題ないのですが、たとえば感染症の流行時などに全社的にテレワークを導入する場合には不都合が生じます。

　自律性・主体性・マネジメントスキルというのは少し研修をすれば誰でも身につけられるという類のものではありません。また、長く勤務すれば身につけられるというわけでもなく、新入社員でもあっという間に自律性・主体性・マネジメントスキルを身につける人もいますし、長く働いていてもまったく身につかない人もいます。

　したがって、全社的にテレワークを導入する場合には、従業員個々人の自律性・主体性・マネジメントスキルが欠けていたとしても、業務に支障が出ないような仕組みを作る必要があります。具体的な仕組み作りの方法については、次項で説明します。

　「従業員の自律性・主体性・マネジメントスキルは不可欠か」という冒頭の問いに対しては、「何も仕組み作りをしなければ不可欠だが、仕組み作りをすれば不可欠とは言えない。」というのが正確な答えとなります。

テレワーク非対象者の「不公平感」を払拭するには

• 職種間での不公平感の払拭

　店頭で接客を行う従業員や、工場での製造作業に従事する従業員など、職種柄テレワークをさせることが難しい場合もあります。

　この場合に重要なのが、「この職種だからテレワークは無理」と端から決めつけないことです。その職種に就いている従業員の業務を細かく棚卸しし、テレワーク可能な業務がないかを探してみてください。報告書の作成など、一部の業務だけでも在宅勤務やモバイル勤務で行えるようにすることで、不公平感は多少なりとも抑えられるのではないかと思います。

　また、テレワークをさせることができない職種があったとしても、テレワーク導入をさらに高次元の働き方改革の一環として位置づけ、テレワーク以外にも、書類の電子化など業務効率アップに役立つシステムを導入したり、RPAで業務を自動化したりするなど、テレワーク非対象職種にとってメリットのある改革をあわせて行うことで、理解を得られやすくなります。

• 同一職種内での不公平感の払拭

　テレワークが可能な職種であっても、一部の従業員についてのみテレワークを許可することにより不公平感が生じることもあります。

　この問題への対処法としては、①テレワークを許可する基準とその根拠を明確にし、その基準を公平に運用することと、②テレワーク非対象者にできる限り負担がいかないような仕組み作りをすることが重要です。

　まず①については、たとえば育児・介護など一定の時間的制約のある従業員に限定してテレワークを許可するのであれば、どの従業員であっても、同じ状況になればテレワークができるという運用を

貫く必要があります。このことによって、現時点ではテレワークの対象とならない従業員も「自分が育児や介護をする立場になったときにはテレワークができる」と考え、そこまで不公平感を抱かないのではないかと思います。

　次に②についてですが、厚生労働省の「テレワーク総合ポータルサイト」には、次のようなQAがあります。

Q　テレワーク実施者宛てにかかってきた電話を、オフィス出勤者が対応するのでは、オフィスに出社する人ばかりに負担がかかってしまいます。何か工夫はできますか。

A　テレワーク実施中にオフィスにかかってきた電話をどのように処理をするのかはとても重要な問題です。通常オフィスで仕事をしている同僚等が受けることになりますが、その都度、今日はテレワークのため、電子メールで連絡をして欲しいと回答するか、相手の連絡先を確認しテレワークの同僚に電話や電子メールで連絡することが必要になります。いずれにしてもオフィスで仕事をしている同僚にとっては、余計な仕事が増えるため、電話が多い人の場合には、好ましい状態とはいえません。

　こうしたことを解決するためにいくつか方法があります。例えば、会社が仕事用の携帯電話を貸与し、取引先等にその番号を知らせておくことで同僚の手を煩わせることなく、電話のやりとりができます。また、テレワーク中はオフィスの電話を自動的に自宅の電話や携帯電話に転送するシステムを導入することや、最近ではＩＰ電話を導入している企業もあります。できるだけオフィスで働く人に負担をかけないような方法を採用することが重要です。

出典：厚生労働省「テレワーク総合ポータルサイト」より作成

会社にかかってくる電話の対応は、オフィスに出社する従業員の大きな負担となることが考えられます。

　このQAにある通り、IP電話の導入などにより、テレワーク勤務者宛の電話は直接テレワーク勤務者にいくような仕組み作りをすることが重要です（124頁以降参照）。

　また、企業によっては、代表番号にかかってくる電話の一次対応を電話代行サービスに外注しているところもあります。電話代行サービスはコール数に応じて料金が加算されていきますので、担当者のIP電話の番号を知っている取引先にはそちらにかけてもらい、それ以外の場合には電話代行サービスで一次対応する、という方法をとっている企業が少なくないようです。

02 業務管理のポイント

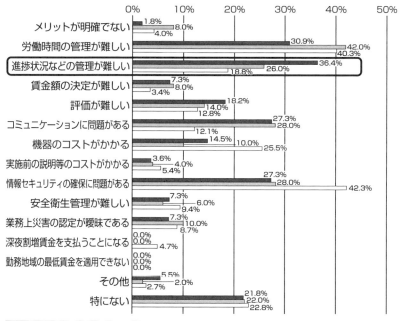

テレワークだから業務管理が難しいって本当？

　独立行政法人労働政策研究・研修機構の企業調査によれば、終日在宅勤務について企業が抱える問題・課題のトップが「進捗状況などの管理が難しい」ことであるようです。

【テレワーク実施の問題・課題についての企業調査結果】

項目	終日在宅勤務（N=55）	1日の一部在宅勤務（N=50）	モバイルワーク（N=149）
メリットが明確でない	1.8%	8.0%	4.0%
労働時間の管理が難しい	30.9%	42.0%	40.3%
進捗状況などの管理が難しい	36.4%	26.0%	18.8%
賃金額の決定が難しい	7.3%	8.0%	3.4%
評価が難しい	18.2%	14.0%	12.8%
コミュニケーションに問題がある	27.3%	28.0%	12.1%
機器のコストがかかる	14.5%	10.0%	25.5%
実施前の説明等のコストがかかる	3.6%	4.0%	5.4%
情報セキュリティの確保に問題がある	27.3%	28.0%	42.3%
安全衛生管理が難しい	7.3%	6.0%	9.4%
業務上災害の認定が曖昧である	7.3%	10.0%	8.7%
深夜割増賃金を支払うことになる	0.0%	0.0%	4.7%
勤務地域の最低賃金を適用できない	0.0%	0.0%	0.0%
その他	5.5%	2.0%	2.7%
特にない	21.8%	22.0%	22.8%

出典：独立行政法人労働政策研究・研修機構「情報通信機器を利用した多様な働き方の実態に関する調査結果」平成27年5月

第6章　テレワークを成功に導くためのポイント

この点に関して、著者が非常に疑問に感じるのは、「それでは、オフィスに出社していれば、業務の進捗が管理できているのか？」、「目の前に従業員がいれば、何の業務をしているのか把握できるのか？」ということです。

　従業員が物理的に目の前にいるかどうかと、業務の進捗が管理できるかどうかは、そもそもまったく別の話です。それにもかかわらず、この2つの話が一緒くたに論じられることが多いのは、日本の大半の企業において、業務が個々の従業員に属人化してしまっていることが原因ではないかと思います。

　業務が属人化してしまっていると、その業務について知りたいときには、その業務を担当している従業員をつかまえて話を聞かなければなりません。そのことから、物理的に従業員の姿が見えなくなるテレワークでは、業務の進捗管理が難しいと考えられてしまうのでしょう。

　しかしながら、そのような業務管理の仕方は、そもそも適切とは言えません。業務が属人化していると、その業務の担当者が会社を休んだり、突然会社に来なくなったりした場合には、業務がストップしてしまい、他の人が引き継ぐのにも大変な労力がかかってしまうからです。

　業務を属人化させず、業務の指示内容や進捗状況をリアルタイムに見える化できる仕組みを作れば、テレワーク勤務であろうがオフィス勤務であろうが、業務管理の仕方は全く同じになります。業務管理にあたって、見える化すべきなのは、「人」ではなく「業務」そのものなのです。

　「テレワークだから業務管理が難しい」のではなく、「適切な業務管理をしていないからテレワークが難しい」というのが事の真相だと思います。

🏠 業務を見える化するには

　業務の見える化については、数多くの企業から挫折体験を伺ってきました。そのほとんどが、大変な労力を使ってExcel等に業務を棚卸ししたけれども、結局棚卸ししただけで終わった、というものです。

　業務を見える化するために、まずやらなければいけないことは業務の棚卸しであることは間違いありません。しかしながら、一番重要なのは、棚卸しをした後にどうするかということです。

　業務の棚卸しをしたExcelファイルをそのまま使って業務管理を行っている企業もないわけではありませんが、Excelの機能だけで十分な業務管理を行うのは至難の業です。

　このような問題を解決してくれるのが、タスク管理ツールです。著者にとっては、タスク管理ツールを導入していない企業が一体どうやって業務管理をしているのかさっぱりわからないと感じるくらい、タスク管理ツールは業務管理になくてはならない存在です。費用的に従業員1人あたり月額千円以内で利用できるツールも多く、中小企業でも気軽に導入できるコスト感です。

　タスク管理ツールを導入する場合の手順は次のとおりです。

①ツールの選択	自社のマネジメントにおいて、どこまでの業務管理が必要か（ごく簡単なTODO管理のみで良いのか、それとも業務進捗まで細かく把握したいのか）をふまえてツールを選択します（194頁参照）。
②業務の棚卸し	上記①で選択したタスク管理ツールに合わせて業務の棚卸しを行います。 ツールによって、業務階層を何段階に分けるかが異なりますので注意が必要です。

③ツールの運用	上記②で棚卸しした業務をツールに流し込み、運用を開始します。 運用開始時には、ツールの使用方法についての研修会を実施するなど、従業員1人ひとりがツールを使いこなせるようにサポートする必要があります。

タスク管理ツールの運用の注意点

　タスク管理ツールを運用するにあたり、とにかく徹底していただきたいのが、タスク管理ツール以外の方法で業務指示を行わない、ということです。

　従来、口頭やメールで業務指示を行ってきたような企業では、タスク管理ツールを導入した後も、ついつい口頭やメールで業務指示を行いたくなってしまうでしょう。しかしながら、それではタスク管理ツールを導入した意味がありません。業務に関する指示・進捗報告・成果物がすべてタスク管理ツールに一元化されている状況を作れてはじめて業務を見える化できたと言えるのです。

　とはいえ、これまでまともに業務管理をしてこなかった企業において、この状況を作り上げるのは簡単なことではありません。ある中小企業では、経営トップが、「業務指示は必ずタスク管理ツールを用いて行うようにしてください。それ以外の方法で行った業務指示はすべて無効とします。」というメッセージを従業員（特に管理職）に発し続けることで、タスク管理ツールへの一元化に成功しました。

　また、いきなりすべての業務を対象にするのは難しいという企業では、テレワークで行う業務のみを棚卸ししてタスク管理ツールで管理しているケースもあります。

　いずれにしても、タスク管理ツールを使って管理すると決めた業務については、その業務に関する指示・進捗報告・成果物をすべて

タスク管理ツールに一元化し、口頭・メール・チャット等での業務連絡はあくまでその内容を補足するための手段として位置づけるべきです。

🏠 社内の反発への対処方法

　これまでまともに業務管理をしてこなかった企業において、業務の見える化を進めようとすると、ほぼ確実に社内から反発の声が上がります。

　そのような場合に、従業員の説得に利用できるのがテレワークです。テレワーク勤務者の業務管理を行うにあたって、業務の見える化が必要であることは誰しも異論のないことでしょう。そして、新型コロナウイルス感染症の流行により、非常時において事業を継続させるためにテレワークせざるを得ない事態がありうるということは、皆が身を持って実感したところです。

　したがって、テレワーク可能な企業体制を築き上げることを大義名分とすれば、業務の見える化を進めることについて社内の理解が得られやすいのではないかと思います。

03 人事評価のポイント

🏠 テレワーク勤務者についても公平・公正に評価する

　テレワーク勤務者の不安感についての民間調査[2]では、「上司から公平・公正に評価してもらえるか不安だ」という点が第3位にランクインしました。

【テレワーク勤務者の不安】

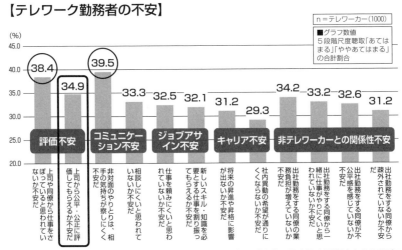

出典：パーソル総合研究所「テレワークにおける不安感・孤独感に関する定量調査」2020年

　テレワーク勤務であるがゆえにネガティブな人事評価をされてしまうとすれば、テレワークが社内に定着することはないでしょう。

2　パーソル総合研究所「テレワークにおける不安感・孤独感に関する定量調査」。
　調査時期は2020年3月9日～3月15日。

自社の現在の人事評価制度について、テレワーク勤務の場合に評価しづらくなる点がないかを今一度確認してください。

　仕事の成果だけでなく、仕事に取り組む姿勢といったプロセスも評価の対象になる場合、物理的に離れた場所で働くテレワークではプロセスが見えづらく評価しづらいというケースがよくあります。このようなケースでとりうるアプローチは2つあります。1つ目は、プロセスを評価の対象から外すという人事評価制度自体の見直しです。後述のジョブ型雇用への移行はこのアプローチと言えます。2つ目は、ICTツールを活用するなどして、テレワークであっても仕事のプロセスを可視化し、プロセスを評価できるようにするアプローチです。

　いずれのアプローチをとるにせよ、テレワーク勤務者もオフィス勤務者と同じように、公平・公正に評価される仕組みを作り上げることが重要です。

🏠 テレワークの人事評価とジョブ型雇用の関係

　新型コロナウイルス感染症が流行するなか、テレワークとともに話題となったのが、ジョブ型雇用です。テレワークの本格導入を機に、日本で主流となっているメンバーシップ型雇用からジョブ型雇用に移行すると宣言する企業が続出し、テレビや新聞でも大きく取り上げられました。

【メンバーシップ型雇用とジョブ型雇用の違い】

　1、メンバーシップ型雇用
　メンバーシップ型雇用とは、「人に対して仕事を割り当てる」雇用形態です。職務経験が無きに等しい新卒者を、その潜在的なポテンシャルを重視して終身雇用前提で雇い入れ、ジョブローテーションによって幅広い職種を体験させることでゼネラリ

ストを養成する仕組みです。

メリット	●終身雇用が前提であるため雇用が安定している ●職務経験のない若者も仕事に就きやすい ●研修など教育の機会を企業が提供してくれることが多い ●勤続年数に応じて賃金額が上がっていく（年功序列）
デメリット	●意に沿わない職種変更や転勤を受け入れなければならない

2、ジョブ型雇用

　ジョブ型雇用とは、「仕事に対して人を割り当てる」雇用形態です。欧米で主流の雇用形態であり、職務内容を「職務記述書（ジョブディスクリプション）」に明確に定めたうえで雇用契約を締結します。ジョブ型雇用では、勤続年数ではなく、従業員本人の職務スキルや仕事の成果が重視されます。

メリット	●会社都合での異動に振り回されなくて済む ●自分のスキルを活かして働くことができる ●職務が明確であるため、いたずらに業務量が増えることがなくワークライフバランスがとりやすい
デメリット	●担当職務が不要になった場合には雇用契約が終了となるリスクがある ●スキルのない新卒者は仕事を得にくい ●即戦力前提で雇用されるため教育の機会が少ない ●単に長く勤務しただけでは賃金額が上がらない

　日本で主流となっているメンバーシップ型雇用は、「人に対して仕事を割り当てる」雇用形態であり、仕事の内容は数年ごとにローテーションしていくため、人事評価において着目するのは「人」と

いうことになります。そこで、多くの日本企業では、仕事の成果だけでなく勤務態度などのプロセスも重視して人事評価を行ってきました。

テレワークにより上司と部下が離れた場所で働くことになると、仕事のプロセスが見えづらくなることから、従来型の人事評価に支障をきたしている企業が多いようです。

他方、ジョブ型雇用は、「仕事に対して人を割り当てる」雇用形態ですので、人事評価において着目するのは「仕事」を達成できたかどうかという成果そのものであり、仕事のプロセスについては考慮すべき必然性はなくなります。したがって、人事評価の面では、ジョブ型雇用のほうがテレワークと親和性が高いと言えるでしょう。

テレワークであっても仕事のプロセスの把握は可能

とはいえ、ジョブ型雇用のほうがテレワークと親和性が高いというのは、あくまで一般論にすぎません。

タスク管理ツールなどを利用して業務進捗を詳細に見える化できている企業では、どの従業員がどの時点でどのような指示を出し、それを受けた従業員がどのように業務を遂行したのかが時系列で明らかになりますので、仕事のプロセスも十分把握することが可能です。このような企業では、メンバーシップ型雇用を採用していたとしても支障なく人事評価できるでしょう。また、業務進捗の詳細な見える化ができていなくても、ウェブ会議ツールを利用して上司と部下の面談を頻繁に行うことにより、仕事のプロセスを把握し人事評価に反映させている企業もあります。

したがって、テレワークの人事評価はジョブ型雇用でなければ適切に行えないというわけではなく、仕事のプロセスを把握する仕組みさえ作ることができれば、メンバーシップ型雇用を維持することも十分可能なのです。

　「テレワークだと労働時間管理が難しいのでジョブ型雇用に移行する」というような表現を目にすることがあります。しかしながら、ジョブ型雇用であっても、雇用契約である以上、メンバーシップ型雇用と同様に労働時間管理が必要となります。

　ジョブ型雇用について、労働時間ではなく成果で評価する雇用形態であるという説明がされることがありますが、これは人事評価において労働時間を含めた仕事のプロセスが考慮されないということを意味しているのであって、労働時間管理が不要であると言っているわけではありません。

仕事の成果は時間で割って評価すべし

　メンバーシップ型雇用にしろ、ジョブ型雇用にしろ、仕事の成果についての評価は必要となります。

　その際に気を付けていただきたいのが、ある成果を出すのにどれくらいの時間をかけたのかを考慮する必要があるということです。たとえば、ある会社のXという業務について、育児のために時短で働く従業員Aさんは5時間で完了し、他方、時間的制約のない従業員Bさんは、同じ業務を10時間かけて完了したとします。この場合、X業務を完了したという成果だけを見てしまうと、AさんもBさんも評価は同一となってしまいます。しかしながら、同じ業務をBさんの2倍のスピードで行うスキルのあるAさんには、Bさんの2倍会社に貢献しているという評価がなされなければ、正当な評価とは言えません。

　Aさんのような優秀な従業員を他社に引き抜かれないようにするためには、各業務に費やした時間を正確に把握し、業務の成果を時間で割った、時間あたりの労働生産性で評価することが重要です。

　なお、各業務に費やした時間の計測・集計は、人力で行うことは

きわめて困難ですので、そのような機能がついたタスク管理ツール
を導入することをおすすめします。

第 **7** 章

先進事例に学ぶ
制度設計・運用のコツ

01 働く場所も時間も自由な会社へ

🏠 テレワーク×フレックスタイム制が働き方を変える

　私が取締役として参画している某中小企業（2007年設立・従業員数20名程度のIT企業。以下、「X社」といいます。）では、本社で勤務する全従業員について、2020年8月1日からフレックスタイム制を適用し、翌月1日から原則在宅勤務という働き方に切り替えました。フレックスタイム制については、5時から22時までをフレキシブルタイムとし、通常の従業員はコアタイム（9時〜11時）あり、育児・介護・不妊治療中の従業員はコアタイムなしという制度設計にしています（フレックスタイム制については63頁以降参照）。

　それまでは通常の労働時間制度（1日8時間・1週40時間）で原則オフィス勤務という運用でしたので、この施策によってX社の従業員の働き方は本当に大きく変わりました。

　幼い子供がいる従業員は、子供が起きる前の早朝の時間帯に1〜2時間働いて、16時頃には業務を終え、夕方の時間帯をプライベートで自由に使えるようになりました。また、不妊治療中の従業員は、在宅勤務で自分の体調に合った室温に設定できることや、通院が必要な日や体調が良くない日には労働時間を短くし、その分だけ他の日に長く働くという選択ができることにより、働きながら治療を続けやすくなったと話してくれました。

　テレワークとフレックスタイム制を組み合わせることにより、従業員の働きやすさやワークライフバランスは格段に向上するということを改めて実感した出来事でした。

原則在宅勤務に切り替えた理由

　Ｘ社では、もともと、育児・介護といった事情を抱えた従業員については一部在宅勤務を認めていましたが、それ以外の従業員については原則オフィス勤務としていました。同社の社長いわく、テレワークだと周囲の目がなくなるため仕事をサボるリスクが高まることと、コミュニケーションが取りづらくなることから、在宅勤務は可能だけれどもあえて推奨していなかったそうです。

　そんなＸ社が原則在宅勤務に切り替えると決断したきっかけは、新型コロナウイルス感染症の流行でした。2020年4月の緊急事態宣言を受けて、Ｘ社では4月から5月にかけて在宅勤務を推奨し、常時約7割の従業員が在宅勤務を行いました。

　このときに事業を問題なく継続できたという経験が社長の自信となり、緊急事態宣言の解除後に一旦は原則オフィス勤務という運用に戻したものの、人材確保やコスト削減といったテレワークの経営上のメリットを享受するために原則在宅勤務に切り替えることにしました。

 ## 柔軟がゆえに管理が難しいテレワーク×フレックスタイム制

　物理的に離れた場所で働くテレワークと、働く時間帯を従業員の決定に委ねるフレックスタイム制を併用すると、従業員としては柔軟に働けるようになる分だけ、会社としてはうまく管理できなくなるリスクを抱えることになります。

　本章では、このリスクを回避するために、Ｘ社においてどのような制度設計や運用をしているのかを紹介したいと思います。

02 ICTツールを駆使した 労働時間管理と業務管理

🏠 労働時間管理と業務管理を同時に行う

　X社では、2014年頃からICTツールをフル活用して労働時間管理や業務管理を行ってきました。

　ICTツールに関して、労働時間管理については勤怠管理ツールを、業務管理についてはタスク管理ツールをそれぞれ別々に導入している企業が多いのですが、X社では、労働時間管理と業務管理を同時に行うことができるICTツールを導入しています。

　労働時間管理と業務管理を同時に行う主なメリットは、以下の3点です。

- ●いま現在、各従業員が何の業務をしているのかをリアルタイムに確認できる。
- ●業務日報において、その日に何の業務を行ったかだけでなく、各業務にどれだけの時間を費やしたか（＝労働生産性）まで把握できる。
- ●単に労働時間を記録するのではなく、その労働時間においてどのような業務を行ったのかも含めて記録することで、より精緻な労働時間把握が実現できる。

　X社では、テレワーク勤務者だけでなく全従業員についてこのようなICTツールを活用することにより、テレワーク勤務であろうがオフィス勤務であろうが何ら変わらずに労働時間管理と業務管理を

行うことができています。

業務に関する情報の一元化により公平・公正な評価を実現

　X社では、すべての業務の指示や進捗報告について、上記のICTツールに一元化するというルールにしています。当初は、口頭で済ませてICTツールへの入力を怠る従業員もいましたが、社長から繰り返し「業務の指示や進捗報告は必ずICTツールに入力するように」というメッセージを発し続けることにより、今ではICTツールに入力するというルールが社内で徹底されています。

　このようなルールが根付いたX社では、ICTツール内のデータを確認すれば、各業務のこれまでの経過を詳細に把握することができます。したがって、たとえばある案件について納期遅れなどのトラブルが発生した場合には、誰のどの対応が原因であったのかを突き止めることができますし、逆に成功した案件については、真の功労者が誰であるかがよくわかります。これにより、ミスのなすりつけや手柄の横取りといった問題を回避することができ、有能な従業員がきちんと報われるような公平・公正な評価を実現できています。

社内の反発にどう対応するか

　経営者がICTツールを用いて労働時間や業務を詳細に管理しようとするとき、社内からは必ずといって良いほど反発の声が上がります。

　X社でも、「面倒くさい」など多少の反発の声は上がったのですが、そこは社長が断固として方針を譲らず、「このICTツールで記録しなければ、労働時間とはみなさず賃金は支払わない」という非常に強いトップダウンのメッセージを発し、ツールの使用を従業員に義務付けました。

　従業員との関係上、X社のような強い対応をとることが難しいと

いう企業では、「このICTツールを社内できちんと運用できるようになれば、テレワーク可能にする」というような、従業員にとってのメリットを提示するのも効果的です。

　なお、X社においてICTツールの使用を義務付けた結果、何が起きたかと言いますと、仕事をサボりがちな従業員は会社を去り、有能な従業員は「自分の生産性が見える化されるのでむしろありがたい」と言ってくれるようになりました。ICTツールの導入を通して、有能な従業員が会社に定着する仕組みを作れたことは、経営上非常にメリットが大きいと感じています。

03 コミュニケーションと メンタルヘルス対策

🏠 オフィス勤務でもチャットで会話

　X社では、原則在宅勤務に移行する以前から、オフィス勤務者同士でも基本的にチャットツールを利用して会話するようにしてきました。このやり方について少し異様に感じる方もいらっしゃるかもしれませんが、これには以下のような理由があります。

- ●物理的な声掛けによって相手の作業を中断させない。
- ●会話内容をオフィスにいない役員や従業員にも共有できる。
- ●会話内容が記録に残ることにより、言った言わないのトラブルを防ぐことができる。

　これからの時代、オフィス勤務者同士であっても、直接話すべき事項とチャットで済ませるべき事項をうまく判別してコミュニケーションをとることは重要なのではないかと著者は考えています。

　話を元に戻しますと、X社では会話は基本的にチャットという点はオフィス勤務でもテレワーク勤務でも変わらなかったため、原則在宅勤務への移行時にコミュニケーションに大きな支障が発生するということはありませんでした。もっとも、オフィスで必要に応じて行っていた口頭での会話について、ウェブ会議に置き換えることに難しさを感じた従業員は少なくありませんでした。

　この点については、後述するウェブ会議での朝の挨拶の取り組みによってウェブ会議に慣れることと、口頭で話したい相手に対して

チャットで事前に「今から少しウェブ会議可能でしょうか？」など
と聞いてからウェブ会議を開始するといった手順を社内で共有する
ことにより、少しずつウェブ会議への敷居を低くしていきました。

🏠 ウェブ会議ツールを使用した朝の挨拶

　X社において全従業員について原則在宅勤務とする際に、一番懸
念したのが各従業員の孤独感です。また、在宅勤務での孤独感など
により従業員にメンタルヘルス不調が発生したとしても、それに気
付きづらくなってしまうことも非常に心配でした。

　そこで導入したのが、ウェブ会議ツールを使用した朝の挨拶の制
度です。

　X社では、9時から11時までをコアタイムとするフレックスタイ
ム制を導入していることから、9時の時点で従業員がウェブ会議上
に集合し、カメラをONにしてお互いの顔を出して挨拶をします[1]。
朝礼のような形式ばったものではなく、オフィス勤務で朝出社した
ときに挨拶をして少し立ち話をするような雰囲気をウェブ会議上で
実現することを目指して実施しています。

　管理職は、この際に、部下の顔色や表情、身だしなみ、言動に異
変がないかを注意深く観察するように心がけています。

🏠 月に1度の全体ミーティングと個別面談

　このような朝の挨拶だけでは拭いきれない孤独感や不安感への対
策として、X社では月に1度、全従業員がリアルな場に集ってミー
ティングを行うようにしています。ミーティングでは、経営層から
今後の会社の方針を従業員へ伝えたり、前月の各従業員の好プレー
を称え合ったり、部署間で現在抱えている案件の進行状況を共有し

1　コアタイムのない育児・介護・不妊治療中の従業員は任意参加としています。

たりしています。また、このミーティングの後には、全員でランチを食べに行き、部署を超えて和気あいあいと交流しています。

　さらに、従業員の不満や悩みを直に話してもらう場として、社長と各従業員との間で毎月月初に個別面談を行っています。事前に以下のような項目のアンケートを実施し、その回答や、前述のICTツールで得た労働時間・業務進捗のデータをふまえて面談を実施しています。

● 先月自分なりによくできたと思う点
● 先月の仕事を振り返って、自分の課題・改善すべきと思う点
● その課題について、今月どのように改善するつもりか
● 先月、他のスタッフがした好プレー
● 労働環境・人間関係等について気になる点
● その他経営陣に相談したいこと

　当初はこのような事前アンケートなく個別面談を行っていましたが、そのときは社長から何か気になることがあるかと聞いても「特にありません」という答えがほとんどでした。それが、この事前アンケートを導入したところ、会社の様々な問題点が浮かび上がってくるようになり、経営上絶大な効果を感じています。

04 ICT環境とセキュリティ対策

できる限りコストをかけないICT環境の整備

　X社では、できる限りコストをかけずにICT環境を整備するよう心がけています。

　導入しているICTツールは、いずれも初期導入費用は無料で、従業員1人あたり月額千円以内で利用できるものです。

　また、システム方式は、会社PC（リッチクライアント型PC）の持ち帰り方式とクラウド型アプリ方式を併用しつつ、PCのハードディスクの暗号化や、電子ファイルをローカル環境ではなくVPN接続した社内サーバに保存するという運用などによりセキュリティを確保しています。

X社のワークシート記入事例

　第2章で紹介したテレワーク導入ワークシートのうち、ICT環境とセキュリティ対策に関する項目について、X社の事例をまとめると以下のとおりとなります。中小企業においてできる限りコストを抑えてテレワーク導入を成功させた一事例として参考になさってください。

【X社のテレワーク導入ワークシートの一部】

④テレワーク時のICT環境
※採用するものにチェック

利用端末	☑ リッチクライアント型PC ☐ シンクライアント型PC ☐ タブレット型PC・スマートフォン
システム方式	☐ リモートデスクトップ方式 ☐ 仮想デスクトップ方式 ☑ クラウド型アプリ方式 ☑ 会社PCの持ち帰り方式
ICTツール	☑ 電子メール（ツール名：Gmail） ☑ チャット（ツール名：Slack） ☑ ウェブ会議（ツール名：Google Meet） ☑ カレンダー（ツール名：Googleカレンダー） ☑ タスク管理（ツール名：Log＋） ☑ 勤怠管理（ツール名：Log＋）

⑤テレワーク時のセキュリティ対策

技術的な対策	●外部から社内サーバにアクセスする際には、VPNを使用する。 ●テレワークで使用するPCのハードディスクを暗号化する。 ●PCやサーバ等の端末について常に最新のウイルス対策ソフトを入れておく。 ●機密情報の含まれる電子データを電子メールで送信する際には必ずパスワードを設定する。
規程類の整備	省略

〈主な参考資料〉

- 独立行政法人労働政策研究・研修機構「情報通信機器を利用した多様な働き方の実態に関する調査結果」平成27年5月
- パーソル総合研究所「テレワークにおける不安感・孤独感に関する定量調査」2020年
- 厚生労働省「情報通信技術を利用した事業場外勤務の適切な導入及び実施のためのガイドライン」平成30年2月22日
- 厚生労働省「テレワークにおける適切な労務管理のためのガイドライン〜情報通信技術を利用した事業場外勤務の適切な導入及び実施のためのガイドライン〜パンフレット（詳細版）」令和元年9月
- 厚生労働省「テレワーク総合ポータルサイト」
- 厚生労働省「テレワークではじめる働き方改革」
- 厚生労働省「テレワーク導入のための労務管理等Q&A集」
- 厚生労働省「テレワークモデル就業規則〜作成の手引き〜」
- 厚生労働省「労働時間の適正な把握のために使用者が講ずべき措置に関するガイドライン」平成29年1月20日
- 厚生労働省・独立行政法人労働者健康安全機構「職場における心の健康づくり〜労働者の心の健康の保持増進のための指針〜」平成31年
- 厚生労働省・都道府県労働局・労働基準監督署「フレックスタイム制のわかりやすい解説＆導入の手引き」
- 総務省「テレワーク実践活用テキストブック」令和元年度
- 総務省「テレワークセキュリティガイドライン（第4版）」平成30年4月
- 総務省「働き方改革のためのテレワーク導入モデル」平成30年6月

川久保皆実（かわくぼ　みなみ）

東京大学法学部卒業、東京大学大学院法学政治学研究科修了。
ITベンチャー企業での企画営業職を経て弁護士となり、鳥飼総
合法律事務所に入所。以後、主に企業の働き方改革と労務トラブ
ルの予防に取り組む。
日本テレワーク学会の会員としてテレワークの労務管理につい
ての研究を重ねるほか、テレワークの労務管理のためのクラウ
ドシステム「Log＋（ログタス）」の開発にも携わる。

すぐに使える規程例・書式例付き

これならわかる テレワークの導入実務と労務管理

2020年12月1日　初版発行

著　者　川久保皆実 ©M.Kawakubo 2020
発行者　杉本淳一

発行所　株式会社日本実業出版社　東京都新宿区市谷本村町3-29 〒162-0845
　　　　　　　　　　　　　　　　大阪市北区西天満6-8-1 〒530-0047
　　　　編集部 ☎03-3268-5651
　　　　営業部 ☎03-3268-5161　振　替　00170-1-25349
　　　　　　　　　　　　　　　　https://www.njg.co.jp/

印　刷／厚徳社　　製　本／若林製本

ISBN 978-4-534-05816-4　Printed in JAPAN